Ao longo dos séculos, o Homem tem-se dividido quanto à forma como a política deve enformar a sua vida em sociedade, o que originou o aparecimento de inúmeras correntes e teorias políticas. Por isso, a «Biblioteca de Teoria Política» visa ser um ponto de encontro abrangente dos vários autores que num passado mais recente se dedicaram à reflexão e filosofia políticas, mas também das diversas orientações da moderna teoria política.

Estado de Exceção

Título original:
Stato di Eccezione

© 2003 by Giorgio Agamben.
Originalmente publicado por Bollati Boringhieri Editore

Tradução: Miguel Freitas da Costa

Capa de FBA

Depósito Legal n.º 316328/10

Biblioteca Nacional de Portugal – Catalogação na Publicação

AGAMBEN, Giorgio, 1942-
Estado de Excepção
(Biblioteca de teoria política)
ISBN 978-972-44-1610-6

CDU 321
34

Paginação:
RITA LYNCE

Impressão e acabamento:
PAPELMUNDE
para
EDIÇÕES 70, LDA.
em
Fevereiro de 2015

Direitos reservados para todos os países de língua portuguesa
por Edições 70

EDIÇÕES 70, Lda.
Rua Luciano Cordeiro, 123 – 1.º Esq.º – 1069-157 Lisboa / Portugal
Telefs.: 213190240 – Fax: 213190249
e-mail: geral@edicoes70.pt

www.edicoes70.pt

Esta obra está protegida pela lei. Não pode ser reproduzida,
no todo ou em parte, qualquer que seja o modo utilizado,
incluindo fotocópia e xerocópia, sem prévia autorização do Editor.
Qualquer transgressão à lei dos Direitos de Autor
será passível de procedimento judicial.

GIORGIO AGAMBEN

Estado de Excepção

Índice

1. O estado de excepção como paradigma de governo 11

2. Força-de-lei 55

3. *Iustitium* 67

4. Gigantomaquia em torno de um vazio 83

5. Festa, luto, anomia 101

6. *Auctoritas* e *potestas* 113

Referências bibliográficas 135

Quare siletis juristae in munere vestro?

1.

O estado de excepção como paradigma de governo

1.1 Foi Carl Schmitt, na sua *Politische Theologie* (1922), quem fixou a contiguidade essencial entre estado de excepção e soberania. Se bem que a sua célebre definição do soberano como «aquele que decide sobre o estado de excepção» tenha sido, e continue a ser ainda hoje, amplamente comentada e discutida, falta, no entanto, no direito público, uma teoria do estado de excepção e tanto juristas como publicistas parecem considerar o problema uma *quaestio facti*, mais do que um problema genuinamente jurídico. Não só a legitimidade de uma tal teoria é negada por aqueles autores que, remetendo-se à antiga máxima de que *necessitas legem non habet*, afirmam que o estado de necessidade, no qual se funda a excepção, não pode ter forma jurídica, como também a própria definição do termo se torna difícil dado que se situa no limiar entre a política e o direito. Na verdade, segundo uma opinião muito difundida, o estado de excepção constitui um «ponto de desequilíbrio entre direito público e facto político» (Saint-Bonnet, 2001, p. 28) que – como a guerra civil, a insurreição e a resistência – se situa numa «faixa ambígua e incerta, na intersecção entre o jurídico e o político» (Fontana, 1999, p. 16). Tanto mais urgente se torna assim a questão das fronteiras: se as providências excepcionais são fruto dos períodos de crise política e, como tais, estão no âmbito político e não jurídico-constitucional (De Martino, 1973, p. 320), vêm então a encontrar-se na situação paradoxal de providências jurídicas que não podem incluir-se no plano do direito e o estado de excepção apresenta-se como a forma legal daquilo que não pode ter forma legal. Por outro lado, se a excepção é o dispositivo original através do qual o direito se refere à vida e a inclui em si próprio por meio da sua própria suspensão, então uma teoria do estado de excepção é condição preliminar para definir a relação que liga, e ao mesmo tempo abandona, o vivente ao direito.

É esta terra de ninguém entre direito público e facto político, e entre ordem jurídica e vida, que a presente indagação pretende explorar. Só se for removido o véu que cobre esta zona incerta é que podemos aproximar-nos da compreensão do que está em jogo na diferença – ou na suposta diferença – entre o político e o jurídico e entre direito e vivente. E talvez só então será possível responder à pergunta que não cessa de ressoar na história da política ocidental: que significa agir politicamente?

1.2 Entre os elementos que tornam difícil uma definição do estado de excepção está certamente a estreita relação que tem com a guerra civil, a insurreição e a resistência. Visto que é o oposto do estado normal, a guerra civil situa--se numa zona de indecidibilidade em relação ao estado de excepção, que é a resposta imediata do poder estatal aos conflitos internos mais extremos. Pudemos assim assistir no decurso do século XX a um fenómeno paradoxal, já incisivamente definido como «uma guerra civil legal» (Schnur, 1983). Tome-se o caso do Estado nazi. Mal Hitler tomou o poder (ou, como talvez se deveria dizer com mais exactidão, mal o poder lhe foi entregue), imediatamente promulgou em 28 de Fevereiro o *Decreto para a protecção do povo e do Estado*, que suspendia os artigos da Constituição de Weimar referentes às liberdades individuais. Esse decreto nunca foi revogado, de forma que todo o III *Reich* pode ser considerado, do ponto de vista jurídico, um estado de excepção que durou doze anos. Neste sentido, o totalitarismo moderno pode ser definido como a instauração, por meio do estado de excepção, de uma guerra civil legal, que permite a eliminação física não só dos adversários políticos mas de categorias inteiras de cidadãos que por qualquer razão não sejam integráveis no sistema político. A criação voluntária de um estado de emergência permanente (mesmo se eventualmente não declarado em sentido técnico) tornou-se, desde então, uma das práticas essenciais dos Estados contemporâneos, mesmo dos chamados democráticos.

Perante a progressão imparável daquela a que se chamou uma «guerra civil mundial», o estado de excepção tende cada vez mais a tornar-se o paradigma de governo dominante na política contemporânea. Esta transformação de uma medida provisória e excepcional em técnica de governo ameaça transformar radicalmente – e já, de facto, transformou sensivelmente – a estrutura e o sentido da distinção tradicional das formas de constituição. O estado de excepção apresenta-se, pois, nesta perspectiva, como um limiar de indeterminação entre democracia e absolutismo.

א A expressão «guerra civil mundial» aparece no mesmo ano (1961) nos livros *On Revolution*, de Hannah Arendt, e *Theorie des Partisanen*, de Carl Schmitt. A distinção entre um «verdadeiro estado de excepção» e um «estado de excepção fictício» deve-se, no entanto, como veremos, à publicística francesa e é já claramente enunciada no livro de Theodor Reinach *De l'état de siège. Étude historique et juridique* (1885), que está na origem da oposição schmittiana e benjaminiana entre verdadeiro estado de excepção e estado de excepção fictício. A jurisprudência anglo-saxónica prefere falar, neste sentido, em *fancied emergency*. Os juristas nazis, pelo seu lado, falam sem reservas de um *gewollte Ausnahmezustand*, um estado de excepção propositado, «com o fim de de instaurar o Estado nacional-socialista» (Werner Spohr, in Drobische e Wieland, 1993, p. 28).

1.3 O significado imediatamente biopolítico do estado de excepção como estrutura original na qual o direito integra em si o vivente através da sua própria suspensão emerge com nitidez na *«military order»* exarada pelo presidente dos Estados Unidos, em 13 de Novembro, que autoriza a *«indefinite detention»* e o julgamento por *«military commissions»* (não confundir com os tribunais militares que as leis da guerra prevêem) de não cidadãos norte-americanos suspeitos de envolvimento em actividades terroristas.

Já o USA Patriot Act, emitido pelo Senado em 26 de Outubro, autorizava o Attorney General [ministro da Justiça] a «deter» qualquer estrangeiro (*alien*) que fosse suspeito de actividades susceptíveis de pôr em perigo «a segurança nacional dos Estados Unidos»; mas num prazo de sete dias o estrangeiro devia ser expulso ou acusado de violação da lei da emigração ou de qualquer outro delito. A novidade da «ordem» do presidente Bush é cancelar radicalmente todo e qualquer estatuto jurídico de determinado indivíduo, produzindo assim um ser juridicamente inominável e inclassificável. Os talibãs capturados no Afeganistão não só não gozam do estatuto de POW (prisioneiro de guerra) segundo a Convenção de Genebra, mas nem sequer o de acusado de um qualquer delito segundo as leis americanas. Nem prisioneiros nem acusados, mas apenas *detainees*, são objecto de um puro senhorio de facto, de uma detenção indefinida não só no sentido temporal mas também quanto à sua própria natureza, pois completamente subtraída às leis e ao controlo judicial. A unica comparação possível é com a situação nos *Lager* nazis dos judeus, que tinham perdido, com a sua cidadania, qualquer identidade jurídica mas mantinham pelo menos a de judeus. Como lapidarmente mostrou Judith Butler, nos *detainees* de Guantánamo a vida nua alcança a sua máxima indeterminação.

1.4 À incerteza do conceito corresponde com exactidão a incerteza terminológica. O presente estudo servir--se-á do sintagma «estado de excepção» como termo técnico para designar o conjunto coerente de fenómenos jurídicos que se propõe definir. Este termo, comum na doutrina alemã (*Ausnahmezustand*, mas também *Notstand*, estado de necessidade), é estranho às doutrinas italiana e francesa, que preferem falar de decretos de urgência e de estado de sítio (político ou fictício, *état de siège fictif*). Na doutrina anglo-saxónica prevalecem, pelo contrário, os termos *martial law* e *emergency powers*.

Se, como já foi sugerido, a terminologia é o momento propriamente poético do pensamento, então as escolhas terminológicas nunca podem ser neutrais. Neste sentido, a escolha do termo «estado de excepção» implica uma tomada de posição quanto à natureza do fenómeno que nos propomos investigar e à lógica mais adequada à sua compreensão. Se as noções de «estado de sítio» e de «lei marcial» exprimem uma conexão com o estado de guerra que historicamente foi decisiva e ainda está presente, revelam-se todavia inadequadas para definir a estrutura do fenómeno e necessitam portanto das qualificações de «político» ou «fictício», também elas de certo modo enganadoras. O estado de excepção não é um direito especial (como o direito da guerra) mas, enquanto suspensão da própria ordem jurídica, define o seu limiar ou o seu conceito limite.

א Neste sentido, a história do termo «estado de sítio político ou fictício» é instrutiva. Remonta à doutrina francesa, em referência ao decreto napoleónico de 24 de Dezembro de 1811, que previa a possibilidade de um estado de sítio, que o imperador podia declarar, independentemente da situação efectiva de uma cidade sob ataque ou directamente ameaçada por forças inimigas, *«lorsque les circonstances obligent de donner plus de force e d'action à la police militaire, sans qu'il soit nécessaire de mettre la place en état de siège»*([1]) (Reinach, 1885, p. 109). A origem da instituição do estado de sítio está no decreto de 8 de Julho de 1791 da Assembleia constituinte francesa, que distinguia entre *état de paix*, em que autoridade militar e autoridade civil agem cada qual na sua esfera, *état de guerre*, em que a autoridade civil deve agir de concerto com a autoridade militar, e *état de siège*, em que «todas as funções de que está investida a autoridade civil para a manutenção da ordem e da polícia interna passam para o

---

([1]) «Quando as circunstâncias obrigam a dar mais força e acção à polícia militar, sem que seja necessário colocar a praça em estado de sítio» (*N.T.*)

comandante militar, que as exerce sob sua exclusiva responsabilidade» (*ibid.*). O decreto referia-se apenas às praças-fortes e aos portos militares; mas com a lei de 19 de Fructidor do ano V, o Directório assimilou às praças-fortes as comunas civis e, com a lei de 18 de Fructidor do mesmo ano, atribuiu-se o direito de colocar qualquer cidade em estado de sítio. A história subsequente do estado de sítio é a história da sua progressiva emancipação da situação bélica a que estava ligado originalmente para ser usado como medida extraordinária de polícia perante desordens e sedições internas, passando assim de verdadeiro ou militar a fictício ou político. Em todo o caso, é importante não esquecer que o estado de excepção moderno é uma criação da tradição democrático-revolucionária e não da absolutista.

A ideia de uma suspensão da constituição foi introduzida pela primeira vez na constituição de 22 de Frimário do ano VIII, cujo artigo 92.º rezava assim:»*Dans le cas de révolte à main armée ou de troubles qui menaceraient la sécurité de l'État, la loi peut suspendre, dans les lieux et pour le temps qu'elle détermine, l'empire de la constitution. Cette suspension peut être provisoirement déclarée dans les mêmes cas par un arrêté du gouvernement, le corps législatif étant en vacances, pourvu que ce corps soit convoqué au plus court terme par un article du même arrêté*"([2]). A cidade ou região em questão era declarada *hors la constitution*. Se bem que por um lado (no estado de sítio) o paradigma seja a extensão ao âmbito civil dos poderes que competem à autoridade militar em tempo de guerra e, por outro, uma

---

([2]) «No caso de revolta à mão armada ou de distúrbios que ameaçassem a segurança do Estado, a lei pode suspender, em todos os lugares e pelo tempo que determinar, o império da constituição. Esta suspensão pode ser provisoriamente declarada por um decreto do governo, caso o corpo legislativo esteja de férias, na condição de que este corpo seja convocado no mais breve prazo possível por um artigo desse decreto.» (*N. T.*)

suspensão da constituição (ou daquelas normas constitucionais que protegem as liberdades individuais), os dois modelos, com a passagem do tempo, acabam por confluir num único fenómeno jurídico, a que chamamos estado de excepção.

א A expressão «plenos poderes» (*pleins pouvoirs*), que se usa às vezes para caracterizar o estado de excepção, refere-se à extensão dos poderes governamentais e, em particular, à atribuição ao executivo do poder de emitir decretos com força de lei. Deriva da noção de *plenitudo potestatis*, elaborada naquele verdadeiro laboratório da terminologia juspublicística moderna que foi o direito canónico. O pressuposto, aqui, é o de que o estado de excepção implique um regresso a um estado original pleromático no qual a distinção entre os diversos poderes (legislativo, executivo, etc.) ainda não se deu. Como veremos, o estado de excepção constitui antes um estado kenomático, um vazio de direito, e a ideia de uma indistinção e uma plenitude original do poder deve ser considerada um mitologema jurídico, análogo à ideia de um estado de natureza (e não é por acaso que seja justamente Schmitt a recorrer a este mitologema). Em qualquer caso, o termo «plenos poderes» define uma das possíveis modalidades de acção do poder executivo durante o estado de excepção, mas não coincide com este.

1.5 Entre 1934 e 1948, perante a derrocada das democracias europeias, a teoria do estado de excepção – que tinha feito uma primeira e solitária aparição em 1921 com o livro de Schmitt sobre *Die Diktatur* – conheceu um momento de especial fortuna; mas é significativo que isto tenha acontecido na forma pseudomórfica de um debate sobre a chamada «ditadura constitucional».

O termo – que aparece já nos juristas alemães para indicar os poderes excepionais do presidente do *Reich* segundo o artigo 48.º da Constituição de Weimar (*Reichsverfassungsmässige Diktatur*, Preuss) – foi retomado e desenvolvido por Frederick M. Watkins (*The Problem of Constitutional Dictatorship*, «Public Policy», 1940) e por Carl J. Friedrich (*Constitutional Government and Democracy*, 1941) e, por fim, por Clinton L. Rossiter (*Constitutional Dictatorship. Crisis Government in the Modern Democracies*, 1948). Antes deles, tem de se mencionar pelo menos o livro do jurista sueco Herbert Tingsten: *Les pleins pouvoirs. L'expansion des pouvoirs gouvernementaux pendant et après la Grande Guerre* (1934). Estes livros, bastante diferentes entre si e em geral mais dependentes da teoria schmittiana do que poderia parecer numa primeira leitura, são no entanto igualmente importantes porque registam pela primeira vez a transformação dos regimes democráticos em resultado da progressiva expansão dos poderes do executivo durante as duas guerras mundiais e, em termos mais gerais, do estado de excepção que as tinha acompanhado e se lhes tinha seguido. São de certo modo os mensageiros que anunciam aquilo que hoje temos diante dos olhos. Ou seja, que a partir do momento em que «o estado de excepção [...] passa a ser a regra» (Benjamin, 1942, p. 697) não só se apresenta cada vez mais como uma técnica de governo e não como uma medida excepcional como também põe a nu a sua natureza de paradigma constitutivo da ordem jurídica.

A análise de Tingsten concentra-se num problema técnico essencial, que marca profundamente a evolução dos regimes parlamentares modernos: o alargamento dos poderes do executivo em matéria legislativa através da emissão de decretos e providências em consequência da delegação contida em leis ditas dos «plenos poderes». «Entendemos por leis dos plenos poderes aquelas leis pelas quais é atribuído ao executivo um poder de regulamentação excepcionalmente amplo, em particular o poder de modificar ou derrogar por decreto as leis em vigor» (Tingsten, 1934, p. 13). Posto que leis desta natureza, que deveriam ser promulgadas para fazer frente a circunstâncias excepcionais de necessidade e urgência, contradizem a hierarquia entre leis e regulamentos que está na base das constituições democráticas e delegam no governo um poder legislativo que deveria ser competência exclusiva do parlamento, Tingsten propõe-se examinar numa série de países (França, Suíça, Bélgica, Estados Unidos, Inglaterra, Itália, Áustria e Alemanha) a situação que resulta da sistemática expansão dos poderes governamentais durante a Primeira Guerra Mundial, quando em muitos dos Estados beligerantes (ou mesmo neutrais, como a Suíça) foi declarado o estado de sítio ou foram emitidas leis de plenos poderes. O livro não vai além do registo de uma ampla casuística; na conclusão, todavia, o autor parece dar-se conta de que embora um uso temporário e controlado dos plenos poderes seja teoricamente compatível com as constituições democráticas, «um exercício sistemático e regular do instituto conduz necessariamente à liquidação da democracia» (*ibid.*, p. 333). Com efeito, a progressiva erosão dos poderes legislativos do parlamento, que se limita hoje frequentemente a ratificar disposições emanadas do executivo sob a forma de decretos com força de lei, tornou-se uma prática comum. A Primeira Guerra Mundial – e os anos seguintes – aparecem, nesta perspectiva, como o laboratório em que foram experimentados e aprontados os mecanismos e dispositivos funcionais do estado de excepção como paradigma de governo. Uma das características fundamentais do estado de excepção – a abolição provisória da distinção entre poder legislativo, executivo e judicial –

mostra aqui a sua tendência para se transformar numa prática de governo duradoura.

O livro de Friedrich vai muito mais longe do que dá a entender a teoria schmittiana da ditadura, que é mesmo depreciada numa nota como «um tratadozinho parcial» (Friedrich, 1941, p. 812). A distinção schmittiana entre ditadura comissária e ditadura soberana é representada aqui como oposição entre ditadura constitucional, que se propõe salvaguardar a ordem constitucional, e ditadura inconstitucional, que conduz à sua subversão. A impossibilidade de definir e neutralizar as forças que determinam a transição da primeira para a segunda forma de ditadura (como fora o caso do que acontecera na Alemanha, por exemplo) é a aporia fundamental do livro de Friedrich, como, em geral, de toda a teoria da ditadura constitucional. Fica sempre cativa do círculo vicioso em que as medidas excepcionais que se trata de justificar pela defesa da constituição democrática são as mesmas que levam à sua ruína: «Não há qualquer salvaguarda institucional em condições de garantir que os poderes de emergência são efectivamente usados para o fim de salvar a constituição. Só a determinação do próprio povo em verificar que são usados com esse escopo pode garanti-lo [...]. As disposições quase ditatoriais dos sistemas constitucionais modernos, sejam elas a lei marcial, o estado de sítio ou os poderes de emergência constitucional, não podem realizar um controlo efectivo da concentração de poder. Por conseguinte, todos estes institutos correm o risco de ser transformados em sistemas totalitários se se apresentarem condições favoráveis» (*ibid.*, pp. 828 sg.).

É no livro de Rossiter que estas aporias explodem em contradições declaradas. Diferentemente de Tingsten e Friedrich, este propõe-se explicitamente justificar, através de um amplo exame histórico, a ditadura constitucional. A hipótese é a de que, a partir do momento em que o regime democrático, no seu complexo equilíbrio de poderes, é concebido para funcionar em circunstâncias normais, «em tempos de crise, o governo constitucional deve ser alterado na medida que for necessária para neutralizar o perigo e restaurar a situação normal. Esta alteração implica inevitavelmente um governo mais forte: ou seja, o governo terá mais poderes e os cidadãos terão menos direitos» (Rossiter, 1948, p. 5). Rossiter tem consciência de que a ditadura constitucional (isto é, o estado de excepção) se tornou, de facto, num paradigma de governo (*a well established principle of constitutional government* [*ibid.*, p. 4]) e que, como tal, encerra muitos perigos: é, todavia, a sua necessidade imanente que ele pretende demonstrar. Mas neste empenho envolve-se em contradições insanáveis. O dispositivo schmittiano (que ele considera *trail-blazing if somewhat occasional*, e que se propõe corrigir [*ibid.*, p. 14]), em que a distinção entre ditadura comissária e ditadura soberana não é de natureza, mas de grau, e na qual a figura decisiva é indubitavelmente a segunda, não se deixa, de facto, neutralizar tão facilmente. Se bem que Rossiter forneça uns onze critérios para distinguir a ditadura constitucional da inconstitucional, nenhum deles é capaz de definir uma diferença substancial entre elas nem de excluir a passagem de uma para a outra. O facto é que os dois critérios essenciais da necessidade e da transitoriedade, a que todos os outros em última análise se reduzem, contradizem tudo aquilo que Rossiter sabe perfeitamente, ou seja, que o estado de excepção se tornou agora a regra: «Na era atómica em que o mundo está a entrar é provável que o uso dos poderes de emergência constitucionais se torne a regra e não a excepção» (*ibid.*,

p. 297); ou ainda mais claramente no fim do livro: «Ao descrever os governos de emergência nas democracias ocidentais, este livro pode ter dado a impressão de que técnicas de governo como a ditadura do executivo, a delegação dos poderes legislativos e a legislação por decretos administrativos sejam por natureza puramente transitórias e temporárias. Uma tal impressão seria certamente enganadora [...]. Os instrumentos de governo aqui descritos como dispositivos temporários de crise tornaram-se nalguns países, e podem tornar-se em todos, instituições duradouras mesmo em tempo de paz» (*ibid.*, p. 313). Esta previsão, que vem oito anos depois da sua primeira formulação benjaminiana na oitava tese sobre o conceito da história, era sem dúvida exacta; mas tanto mais grotescas soam, assim, as palavras que encerram o livro: «Nenhum sacrifício pela nossa democracia é grande demais e muito menos o sacrifício temporário da própria democracia» (*ibid.*, p. 314).

1.6 Um exame da situação do estado de excepção nas tradições jurídicas dos Estados ocidentais mostra uma divisão – nítida em termos de princípios, mas de facto mais esfumada – entre ordenamentos que regulam o estado de excepção no texto da constituição, ou por meio de uma lei, e ordenamentos que preferem não regular explicitamente a questão. Ao primeiro grupo pertencem a França (onde o estado de excepção moderno nasceu na época da Revolução) e a Alemanha; ao segundo, a Itália, a Suíça, a Inglaterra e os Estados Unidos. Também a doutrina se divide correspondentemente entre autores que sustentam a oportunidade de uma previsão constitucional ou legislativa do estado de excepção e outros (em cuja primeira fila se encontra Carl Schmitt) que criticam sem reservas a pretensão de regular por lei aquilo que por definição não pode ser regulado. Se bem que, no plano da constituição formal, a distinção seja indubitavelmente importante (na medida em que, no segundo caso, os actos executados pelo governo fora da ou em contradição com a lei possam ser teoricamente considerados ilegais e devam portanto ser sanados por um apropriado *bill of indemnity*), no da constitucionalidade material existe em todos os ordenamentos referidos qualquer coisa do tipo estado de excepção e a história do instituto, pelo menos a partir da Primeira Guerra Mundial, mostra que o seu desenvolvimento é independente da sua formalização constitucional ou legislativa. Assim, na República de Weimar, cuja constituição regulava no artigo 48.º os poderes do presidente do *Reich* nas situações em que a «segurança pública e a ordem» (*die öffentliche Sicherheit und Ordnung*) fossem ameaçadas, o estado de excepção desempenhou uma função certamente mais importante do que em Itália, onde o instituto não estava explicitamente previsto, ou em França, que o regulava por meio de uma lei e que aliás recorreu maciçamente ao *état de siège* e à legislação por decreto.

1.7 O problema do estado de excepção apresenta analogias evidentes com o do direito de resistência. Tem sido muito discutida, particularmente em sede de assembleias constituintes, a oportunidade de inserir o direito de resistência no texto da constituição. Assim, no projecto da actual constituição italiana fora inserido um artigo que rezava: «Quando os poderes públicos violem as liberdades fundamentais e os direitos garantidos pela Constituição, a resistência à opressão é um direito e um dever do cidadão». A proposta, que retomava uma sugestão de Giuseppe

Dossetti, um dos expoentes mais prestigiosos da área católica, defrontou grande oposição. No curso do debate prevaleceu a opinião de que era impossível regular uma coisa que, pela sua própria natureza, escapava ao âmbito do direito positivo e o artigo não foi aprovado. Mas na Constituição da República Federal Alemã, pelo contrário, figura um artigo (o artigo 20.º) que legaliza sem reservas o direito de resistência, afirmando que «contra quem quer que tente abolir esta ordem [a constituição democrática] todos os alemães têm um direito de resistência, se não forem possíveis outros remédios».

As argumentações são aqui exactamente simétricas daquelas que os promotores da legalização do estado de excepção, no texto constitucional ou por via de uma lei específica, opõem àqueles juristas que consideram totalmente inoportuna a sua regulamentação normativa. É certo, em todo caso, que, se a resistência se tornasse um direito ou mesmo um dever (cuja omissão poderia ser castigada), não só a constituição acabaria por se colocar como um valor absolutamente intangível e omniabrangente como também as escolhas políticas dos cidadãos acabariam por ser juridicamente reguladas. O facto é que, seja no direito de resistência seja no estado de excepção, o que está em causa, no fim de contas, é o problema do significado jurídico de uma esfera de acção em si extrajurídica. Estão aqui em confronto a tese que afirma que o direito deve coincidir com a norma e aquela que sustenta, pelo contrário, que o âmbito do direito excede o da norma. Mas ambas as posições são em última análise solidárias em excluir a existência de uma esfera da actividade humana subtraída ao direito.

א *Breve história do estado de excepção.* Já vimos como o estado de sítio teve a sua origem em França durante a Revolução.

Depois da sua instituição pelo decreto da Assembleia constituinte de 8 de Julho de 1971 atingiu a sua fisionomia própria de *état de siège fictif* ou *politique* com a lei directorial de 27 de Agosto de 1797 e, por fim, com o decreto napoleónico de 24 de Dezembro de 1811 (cf. *supra*, p. 16). A ideia de uma suspensão da constituição (*de l'empire de la constitution*) já fora introduzida, a bem dizer, como também já vimos, a 22 de Frimaio do ano VIII. O artigo 14 da *Charte* de 1814 atribuia ao soberano o poder de «fazer os regulamentos e as ordenações necessárias para execução das leis e a segurança do Estado»; a fórmula era tão vaga que Chateaubriand observou *qu'il est possible qu'un beau matin toute la Charte soit confisqueé au profit de l'article 14* [é possível que uma bela manhã toda a Carta seja confiscada em proveito do artigo 14]. O estado de sítio foi expressamente mencionado no *Acte additionnel* à Constituição de 22 de Abril de 1815, que reservava a sua proclamação a uma lei. Daí por diante a legislação sobre o estado de sítio pontua em França os momentos de crise constitucional ao longo dos séculos XIX e XX. Depois da queda da Monarquia de Julho, em 24 de Junho de 1848 um decreto da Assembleia constituinte punha Paris em estado de sítio e encarregava o general Cavaignac de restabelecer a ordem na cidade. Na nova constituição de 4 de Novembro de 1848 foi por isso inserido um artigo que estabelecia que uma lei fixaria as ocasiões, as formas e os efeitos do estado de sítio. A partir desse momento, o princípio dominante (não sem excepções, como veremos) na tradição francesa (diferentemente da alemã, que o confia ao chefe de Estado) é o de que o poder de suspender as leis só pode pertencer ao mesmo poder que as estabelece, isto é ao parlamento. A lei de 9 de Agosto de 1849 (parcialmente modificada num sentido mais restritivo pela lei de 4 de Abril de 1878) estabelecia por conseguinte que o estado de sítio político podia ser declarado pelo parlamento (ou, supletivamente, pelo chefe de Estado) em caso de perigo iminente para a segurança interna ou externa. Napoleão III recorreu várias vezes a esta lei e uma vez instalado no poder avocou ao chefe de Estado, na constituição de Janeiro de 1852, o poder exclusivo de proclamar o estado de sítio. A guerra franco-prussiana e a insurreição da Comuna coincidiram com uma generalização sem precedentes do estado de excepção, que foi proclamado em quarenta departamentos e nalguns perdurou até 1876. Com base nestas experiências, e depois do golpe de Estado falhado de Macmahon em Maio de 1877, a lei de 1849 foi modificada, estabelecendo que o estado de sítio só podia ser declarado por lei (ou, no caso de não estar reunida a câmara dos deputados, pelo chefe de Estado, com a obrigação de convocar as câmaras num prazo de dois dias) na eventualidade de «perigo iminente de uma guerra externa ou de uma insurreição armada» (lei de 4 de Abril de 1878, art. 1.º).

A Primeira Guerra Mundial coincide na maior parte dos países beligerantes com um estado de excepção permanente). A 2 de Agosto de 1914 o presidente Poincaré emitiu um decreto que punha todo o país em estado de sítio, decreto esse que foi convertido em lei pelo parlamento dois dias depois. O estado de sítio permaneceu em vigor até 12 de Outubro de 1919. Embora a actividade do parlamento, suspensa durante os primeiros seis meses da guerra, tenha sido reatada em Janeiro de 1915, muitas das leis votadas foram na verdade puras e simples delegações legislativas ao executivo, como a de Fevereiro de 1918, que outorgava ao governo um poder praticamente absoluto para regular por decreto a produção e o comércio dos bens alimentares. Tingsten observou que, deste modo, o poder executivo se transformava, em sentido material, em orgão legislativo (Tingsten, 1934, p. 18). Em qualquer caso, é neste período que a legislação excepcional por via de decreto governamental (que hoje nos é perfeitamente familiar) se torna uma prática corrente nas democracias europeias.

Como era previsível, a extensão dos poderes do executivo ao âmbito legislativo prosseguiu depois do fim das hostilidades e é significativo que a emergência militar desse lugar à emergência económica, com uma implícita assimilação entre guerra e economia. Em Janeiro de 1924, num momento de grave crise que ameaçava a estabilidade do franco, o governo Poincaré pediu plenos poderes em matéria financeira. Após um áspero debate, em que a oposição fez observar que aquilo equivalia, para o parlamento, à renúncia aos próprios poderes constitucionais, a lei foi aprovada a 22 de Março, limitando a quatro meses os poderes especiais do governo. O governo Laval fez votar medidas análogas em 1935 e emitiu mais de quinhentos decretos «com força de lei» para evitar a desvalorização do franco. A oposição de esquerda, conduzida por Léon Blum, opôs-se vigorosamente a esta prática «fascista»; mas é significativo que, uma vez chegada ao poder com a Frente Popular, em Junho de 1937, tenha pedido plenos poderes para desvalorizar o franco, estabilizar o controlo de câmbios e impôr novas taxas. Como já foi observado (Rossiter, 1948, p. 123), isto significava que a nova prática de legislar por via de decreto governamental, inaugurada durante a guerra, era agora uma prática aceite por todas as forças políticas. Em 30 de Junho de 1937, os poderes negados a Léon Blum foram outorgados ao governo Chautemps, no qual alguns ministérios cruciais estavam confiados a não socialistas. E a 10 de Abril de 1938 Édouard Daladier pede e obtém do parlamento poderes excepcionais para legislar por decreto para fazer frente tanto à ameaça nazi como à crise económica, de forma que se pode dizer que até ao fim da III República «os procedimentos normais da democracia parlamentar estiveram em estado de suspensão» (*ibid.*, p. 124). Quando se estuda o nascimento dos chamados regimes ditatoriais em Itália e na Alemanha é importante não esquecer este processo simultâneo de transformação das constituições democráticas entre as duas guerras mundiais. Sob a pressão do paradigma do estado de excepção, é toda a vida político-constitucional das sociedades ocidentais que começa a assumir progressivamente uma nova forma, que talvez só hoje tenha alcançado o seu pleno desenvolvimento. Em Dezembro de 1939, após a eclosão da guerra, o governo obtém a faculdade de tomar por decreto todas as medidas necessárias para assegurar a defesa da nação. O parlamento permaneceu reunido (salvo quando esteve suspenso por um mês para privar os deputados comunistas da sua imunidade parlamentar), mas toda a actividade legislativa se manteve estavelmente nas mãos do governo. Quando o marechal Pétain assumiu o poder, o parlamento francês já era uma sombra de si mesmo. O acto constitucional de 11 de Julho de 1940, em qualquer caso, conferia ao chefe de Estado a faculdade de proclamar o estado de sítio em todo o território nacional (então ocupado em parte pelo Exército alemão).

Na constituição actual o estado de excepção é regulado pelo artigo 16.º, exigido por De Gaulle, no qual se estabelece que o presidente da República tome as medidas necessárias «quando as instituições da República, a independência da Nação, a integridade do seu território ou a execução dos seus compromissos internacionais sejam ameaçados de maneira grave e imediata e esteja interrompido o funcionamento regular dos poderes públicos constitucionais». Em Abril de 1961, durante a crise argelina, De Gaulle recorreu ao artigo 16.º, embora o funcionamento regular dos poderes públicos não tivesse sido interrompido. O artigo 16.º não voltou desde então a ser invocado mas, em conformidade com uma tendência manifesta em todas as democracias ocidentais, a declaração do estado de excepção tem vindo a ser progressivamente substituída por uma generalização sem precedentes do paradigma da segurança como técnica normal de governo. A história do artigo 48.º da Constituição de Weimar está tão estreitamente entrelaçada com a história da Alemanha entre as duas guerras que não é possível compreender a ascensão de Hitler ao poder sem uma análise preliminar dos usos e abusos deste artigo nos anos que vão de 1919 a 1933. Tinha como precedente imediato o artigo 68.º da Constituição bismarckiana, o qual, no caso de que «a segurança pública fosse ameaçada no território do *Reich*», atribuía ao imperador a faculdade de declarar uma parte dele em estado de guerra (*Kriegszustand*) e remetia, para determinar as respectivas modalidades, para a lei prussiana sobre o estado de sítio de 4 de Junho de 1851. Na situação de desordem e de motins que se seguiu ao fim da guerra, os deputados da Assembleia nacional que devia votar a nova constituição, assistidos por juristas entre os quais se destaca o nome de Hugo Preuss, inseriram nela um artigo que conferia ao presidente do *Reich* poderes excepcionais extremamente amplos. O texto do artigo 48.º dizia, de facto: «Se a segurança e a ordem pública no *Reich* alemão forem seriamente (*erheblich*) perturbadas ou ameaçadas, o presidente do *Reich* pode tomar as medidas necessárias para restabelecer a segurança e a ordem pública, eventualmente com a ajuda das forças armadas. Com este fim pode suspender no todo ou em parte os direitos fundamentais (*Grundrechte*) estabelecidos nos artigos 114.º, 115.º, 117.º, 118.º, 123.º, 124.º e 153.º». O artigo acrescentava que os pormenores das modalidades do exercício destes poderes excepcionais deveriam ser fixados por uma lei. Visto que essa lei nunca foi votada, os poderes do presidente ficaram a tal ponto indeterminados que não só a expressão «ditadura presidencial» foi usada correntemente na doutrina em relação ao artigo 48.º, como Schmitt pode escrever em 1925 que «nenhuma constituição da Terra legalizara um golpe de Estado tão facilmente como a de Weimar» (Schmitt, 1995, p. 25).

Os governos da República, a começar pelo de Brüning, fizeram uso continuado do artigo 48.º – com um relativo interregno entre 1925 e 1929 – proclamando o estado de excepção e emitindo decretos de urgência em mais de 250 ocasiões; serviram-se dele, além do mais, para prender milhares de militantes comunistas e para instituir tribunais especiais habilitados a pronunciar condenações à pena capital. Em muitas ocasiões, e em particular em Outubro de 1923, o governo recorreu ao artigo 48.º para fazer frente à queda do marco, confirmando a tendência moderna para fazer coincidir emergência político-militar e crise económica.

É sabido como os últimos anos da República de Weimar se desenrolaram inteiramente em regime de estado de excepção; é menos óbvia a constatação de que provavelmente Hitler não teria podido tomar o poder se o país não se encontrasse há quase três anos em regime de ditadura presidencial e o parlamento estivesse em funções. Em Julho de 1930 o governo de Brüning foi posto em minoria. Em vez de apresentar a demissão, Brüning obteve do presidente Hindenburg o recurso ao artigo 48.º e a dissolução do Reichstag. A partir desse momento a Alemanha deixou de ser de facto uma república parlamentar. O parlamento reuniu apenas sete vezes, por não mais de doze semanas ao todo, enquanto uma coligação flutuante de sociais-democratas e centristas se limitava a vigiar um governo que passara a só depender do presidente do *Reich*. Em 1932, Hindenburg, reeleito presidente contra Hitler e Thälmann, forçou Brüning à demissão e nomeou para o seu lugar o centrista von Papen. A 4 de Junho, o Reichstag foi dissolvido e não voltou a ser convocado até ao advento do nazismo. A 20 de Julho, foi proclamado o estado de excepção no território prussiano e von Papen nomeado comissário do *Reich* para a Prússia, afastando o governo social-democrata de Otto Braun. O estado de excepção em que a Alemanha se veio a encontrar sob a presidência de Hindenburg foi justificado por Schmitt no plano constitucional pela ideia de que Hindenburg agia como «guardião da constituição» (Schmitt, 1931); mas o fim da República de Weimar mostra com nitidez, pelo contrário, que uma «democracia protegida» não é uma democracia e que o paradigma da ditadura constitucional funciona antes como uma fase de transição que conduz fatalmente à instauração de um regime totalitário.

É compreensível, dados estes antecedentes, que a constituição da República Federal não mencione o estado de excepção; no entanto, em 24 de Junho de 1968, a «grande coligação» entre democratas cristãos e sociais-democratas votou uma lei suplementar da constituição (*Gesetz zur Ergänzung des Grundgesetzes*) que reintroduzia o estado de excepção (definido como «estado de necessidade interno», *innere Notstand*). Pela primeira vez na história do instituto, a proclamação do estado de excepção era prevista, no entanto, com ironia inconsciente, não simplesmente para salvaguarda da segurança e da ordem pública mas também para defesa da «constituição democrático-liberal». A democracia protegida tinha agora passado a ser a regra.

A 3 de Agosto de 1914 a assembleia federal suíça conferiu ao conselho federal «poderes ilimitados para tomar todas as medidas necessárias para garantir a segurança, a integridade e a neutralidade da Suíça». Este acto insólito, em virtude do qual um Estado não beligerante atribuía ao executivo poderes ainda mais vastos e indefinidos do que aqueles que tinham recebido os governos dos países directamente envolvidos na guerra, é interessante pelas discussões a que deu lugar, tanto na própria assembleia como por ocasião das objecções de inconstitucionalidade feitas valer pelos cidadãos perante o tribunal federal suíço. A pertinácia de que os juristas suíços deram mostras na altura, com quase trinta anos de avanço em relação aos teóricos da ditadura constitucional, em procurar deduzir (como fizeram Waldkirch e Burckhardt) a legitimidade do estado de excepção do próprio texto da constituição (o artigo 2.º, no qual se lia que «a Confederação tem como fim assegurar a independência da pátria contra o estrangeiro e manter a ordem e tranquilidade no interior») ou (como Hoerni e Fleiner) em o fundar num direito de necessidade «inerente à própria existência do Estado» ou (como His) numa lacuna do direito que as disposições excepcionais devem colmatar, mostra que a teoria do estado de excepção não é de modo nenhum património exclusivo da tradição antidemocrática. A história e a situação jurídica do estado de excepção em Itália apresenta um especial interesse sob o aspecto da legislação por meio de decretos de urgência do governo (os chamados «decretos-lei»). Pode dizer-se, com efeito, que neste aspecto a Itália tem funcionado como um verdadeiro laboratório político-jurídico, no qual se tem vindo a organizar o processo – também presente, em diferente medida, noutros Estados europeus – através do qual o decreto-lei «de instrumento secundário e excepcional de produção normativa se tornou fonte normal de produção de direito» (Fresa, 1981, p. 156). Mas isto significa, também, que justamente um Estado cujos governos eram com frequência instáveis elaborou um dos paradigmas essenciais através dos quais a democracia se transforma de parlamentar em governamental. Em qualquer caso, é neste contexto que a pertinência do decreto de urgência no âmbito da problemática do estado de excepção aparece com nitidez. O Estatuto albertino (como de resto a Constituição republicana em vigor) não mencionava o estado de excepção. Os governos do reino, todavia, recorreram numerosas vezes à proclamação do estado de sítio: em Palermo e nas províncias sicilianas em 1862 e 1866, em Nápoles em 1862, na Sicília e na Lunigiana em 1894 e, em 1898, em Nápoles e Milão, onde a repressão das desordens foi particularmente sanguinária e deu lugar a debates acesos no parlamento. A declaração do estado de sítio por ocasião do terramoto de Messina e Reggio Calabria em 28 de Dezembro de 1908 só em aparência é um caso à parte. Não só as razões últimas da proclamação eram, na realidade, do foro da ordem pública (tratava-se de reprimir os saques e os actos de pilhagem provocados pela catástrofe) como também de um ponto de vista teórico é significativo que eles tenham fornecido o pretexto que permitiu a Santi Romano e a outros juristas italianos elaborar as teses, sobre as quais nos deveremos deter mais adiante, da necessidade como fonte primária de direito.

Em todos estes casos, a proclamação do estado de sítio deu-se por meio de decretos reais que, embora não contendo qualquer cláusula de ratificação parlamentar, foram sempre aprovados pelo parlamento como os outros decretos de urgência que não se referiam ao estado de sítio (em 1923 e 1924 foram assim convertidos em lei de uma só vez alguns milhares de decretos-lei emitidos nos anos precedentes e que tinham ficado para trás). Em 1926 o regime fascista fez publicar uma lei que regulava expressamente a matéria dos decretos-lei. O artigo 3.º dispunha que podiam ser emitidas por decreto real, prévia deliberação do conselho de ministros, «normas dotadas de força de lei 1) quando o governo para tal tenha recebido delegação por lei e dentro dos limites dessa delegação 2) nos casos extraordinários em que razões de urgente e absoluta necessidade o requeiram. O juízo sobre a necessidade e a urgência está sujeito apenas ao controlo político do parlamento e a nenhum outro». Os decretos previstos na segunda alínea deviam conter a cláusula de apresentação ao parlamento para sua conversão em lei; mas a perda de qualquer autonomia por parte das câmaras durante o regime fascista tornou esta cláusula supérflua. Mau grado o abuso da legislação por decreto de urgência por parte dos governos fascistas fosse de tal ordem que em 1939 o próprio regime sentiu a necessidade de limitar o seu alcance, a Constituição republicana estabeleceu com singular continuidade no artigo 77.º que «em casos extraordinários de necessidade e de urgência» o governo podia adoptar «providências provisórias com força de lei», as quais deviam ser apresentadas no próprio dia às câmaras e perdiam a sua eficácia se não fossem convertidas em lei num prazo de sessenta dias a contar da publicação.

É sabido que a prática da legislação governamental por meio de decretos-lei se tornou desde então a regra em Itália. Não só se recorreu aos decretos de urgência nos momentos de crise política, eludindo assim o princípio constitucional segundo o qual os direitos dos cidadãos só podem ser limitados por lei (cf. no referente à repressão do terrorismo, o decreto-lei 59 de 28 de Março de 1978, convertido na lei 191 de 21 de Maio de 1978 – a chamada lei Moro – e o decreto 625 de 15 de Dezembro de 1979, convertido na lei 15 de 6 de Fevereiro de 1980), como além disso os decretos-lei constituem a tal ponto a forma normal de legislação que puderam ser definidos como «projectos de lei reforçados de urgência garantida» (Fresa, 1981, p. 152). Isto significa que o princípio democrático da divisão de poderes está hoje diminuido e que o poder executivo absorveu de facto, pelo menos em parte, o poder legislativo. O parlamento já não é o orgão soberano a quem respeita o poder exclusivo de obrigar os cidadãos por meio das leis: limita-se a ratificar os decretos emanados do poder executivo. Em sentido técnico, a República já não é parlamentar mas governamental. E é significativo que uma transformação semelhante do ordenamento constitucional hoje em curso em diversa medida em todas as democracias ocidentais, se bem que perfeitamente conhecida dos juristas e dos políticos, continue a passar totalmente desapercebida aos cidadãos. No momento, justamente, em que quereríamos dar lições de democracia a culturas e tradições diferentes, a cultura política do Ocidente não se dá conta de ter totalmente esquecido o seu cânone.

O único dispositivo político que, em Inglaterra, poderia ser comparado ao *état de siège* é conhecido pelo nome de *martial law*; mas trata-se de um conceito tão vago que já pode, com razão, ser definido como «um termo infeliz para a justificação através da *common law* dos actos executados por necessidade a fim de defender a *commonwealth* quando haja uma guerra» (Rossiter, 1948, p. 142). Mas isto não significa que uma coisa parecida com um estado de excepção não pudesse existir. A faculdade da coroa de declarar a *martial law* era limitada em geral nos Mutiny Acts ao tempo de guerra; mas implicava necessariamente, no entanto, consequências também graves para os civis estrangeiros que se encontrassem factualmente envolvidos na repressão armada. Carl Schmitt procurou distinguir a *martial law* dos tribunais militares e dos procedimentos sumários, que numa primeira fase só eram aplicados aos soldados, para a entender como um procedimento puramente factual e aproximá-la do estado de excepção: «Mau grado o nome que usa, o direito de guerra não é na realidade um direito ou uma lei mas um procedimento guiado essencialmente pela necessidade de alcançar um determinado objectivo» (Schmitt, 1921, p. 183).

Mesmo no caso da Inglaterra, a Primeira Guerra Mundial desempenhou um papel decisivo na generalização dos dispositivos governamentais de excepção. Logo a seguir à declaração da guerra, com efeito, o governo pediu ao parlamento a aprovação de uma série de providências de emergência que tinham sido preparadas pelos ministros competentes e que foram aprovadas praticamente sem discussão. O mais importante destes diplomas é o Defence of the Realm Act de 4 de Agosto de 1914, conhecido por DORA, que não só conferia ao governo poderes bastante vastos para regular a economia de guerra como também previa graves limitações dos direitos fundamentais dos cidadãos (em particular, a competência dos tribunais militares para julgar civis). Como em França, a actividade do parlamento conheceu um eclipse significativo durante toda a guerra. A prova de que se tratava, todavia, também para a Inglaterra, de um processo que ia além da emergência bélica é a aprovação – em 29 de Outubro de 1920, numa situação de greves e de tensão social – do Emergency Powers Act. O seu artigo 1.º afirma, de facto: «Sempre que pareça a Sua Majestade que foi empreendida, ou está a ponto de o ser, por parte de pessoas ou grupos, uma acção de tal natureza e a uma tão ampla escala que se possa presumir que, interferindo com o reabastecimento e a distribuição de alimentos, água, carburantes ou electricidade ou ainda com os meios de transporte, prive a comunidade ou parte dela do que é necessário à vida, Sua Majestade pode por meio de uma proclamação (doravante designada por proclamação de emergência) declarar que existe um estado de emergência». O artigo 2.º da mesma lei atribuía a *His Majesty in Council* o poder de emitir regulamentos e de conferir ao executivo «todos os poderes necessários para a manutenção da ordem», criando tribunais especiais (*courts of summary jurisdiction*) para os transgressores. Embora as penas aplicadas por esses tribunais não pudessem exceder três meses de cadeia ("com ou sem trabalhos forçados»), o princípio do estado de excepção fora solidamente introduzido no direito inglês.

Na Constituição americana, o lugar – ao mesmo tempo lógico e pragmático – de uma teoria do estado de excepção está na dialéctica entre os poderes do presidente e os do

Congresso. Esta dialéctica foi determinada historicamente – e de modo exemplar a partir da guerra civil – como conflito sobre a autoridade soberana numa situação de emergência; em termos schmittianos (e isto é certamente significativo num país que é considerado o berço da democracia), como um conflito sobre a decisão soberana.

A base textual do conflito está, antes de mais, no artigo 1.º da Constituição, o qual estabelece que «o privilégio do *writ* de *habeas corpus* não será suspenso, salvo se, em caso de rebelião ou de invasão, a segurança pública [*public safety*] o requeira», mas não especifica qual seja a autoridade competente para decidir essa suspensão (ainda que a opinião predominante e o próprio contexto desse passo deixem presumir que a cláusula tem em vista o Congresso e não o Presidente). O segundo ponto de conflito está na relação entre um outro passo do mesmo artigo 1.º (que estipula que compete ao Congresso o poder de declarar a guerra e de organizar e manter o exército e a frota) e o artigo 2.º, que afirma que «o presidente será comandante-chefe [*commander in chief*] do exército e da frota dos Estados Unidos».

Ambos estes problemas atingem o seu ponto crítico com a guerra civil (1861-1865). A 15 de Abril de 1861, contrariando o disposto no artigo 1.º, Lincoln decretou o recrutamento de um exército de 75 000 homens e convocou o Congresso para uma sessão especial a 4 de Julho. Nas dez semanas que decorreram entre 15 de Abril e 4 de Julho Lincoln agiu de facto como um ditador absoluto (no seu livro *Die Diktatur*, Schmitt pôde assim referi-lo como exemplo perfeito de ditadura comissária: cf. 1921, p. 136). A 27 de de Abril, com uma decisão tecnicamente ainda mais significativa, autorizou o chefe de estado-maior do exército a suspender o *writ* de *habeas corpus* sempre que o entendesse necessário ao longo das vias de comunicação entre Washington e Filadélfia, onde se tinham verificado distúrbios. A decisão presidencial autónoma de medidas extraordinárias continuou, de resto, também depois da convocação do Congresso (assim, em 14 de Fevereiro de 1862, Lincoln impôs a censura do correio e autorizou a prisão e detenção em cadeias militares das pessoas suspeitas de «*disloyal and treasonable practices*»).

No discurso pronunciado perante o Congresso finalmente reunido em 4 de Julho o presidente justificou abertamente a sua actuação como detentor de um poder supremo de violar a Constituição em situação de necessidade. As medidas que tinha adoptado – declarou ele – «fossem ou não legais em sentido estrito», tinham sido decididas «sob a pressão de uma exigência popular e de um estado de necessidade pública», na certeza de que o Congresso as teria ratificado. Na base delas estava a convicção de que até a lei fundamental podia ser violada desde que estivesse em jogo a própria existência da União e da ordem jurídica. ("haverão todas as leis menos uma de ficar por executar e o próprio governo desmoronar-se para não violar essa única lei?») (Rossiter, 1948, p. 229). Dá-se por assente que numa situação de guerra o conflito entre o Presidente e o Congresso é essencialmente teórico: de facto, o Congresso, embora estivesse perfeitamente consciente de que as competências constitucionais tinham sido transgredidas, não podia senão ratificar – como fez em em 6 de Agosto de 1861 – a actuação do presidente. Forte desta aprovação, o presidente proclamou a 22 de Setembro de 1861, por sua exclusiva autoridade, a emancipação dos escravos e, dois dias depois, generalizou o estado de excepção a todo o território dos Estados Unidos, autorizando a prisão e o julgamento por tribunais militares de «quaisquer rebeldes e insurrectos, dos seus cúmplices e apoiantes em todo o país e de qualquer pessoa que desencorajar o alistamento voluntário, resistir ao recrutamento ou se tornar culpada de práticas desleais que possam prestar ajuda aos insurrectos». O Presidente dos Estados Unidos era agora detentor da decisão soberana sobre o estado de excepção.

Segundo os historiadores americanos, o presidente Woodrow Wilson concentrou na sua pessoa durante a Primeira Guerra Mundial poderes ainda mais amplos do que aqueles que se arrogara Abraham Lincoln. É necessário, no entanto, precisar que, em vez de ignorar o Congresso, como Lincoln, preferiu fazer que este delegasse nele, de quando em quando, os poderes em questão. Neste sentido, a sua prática de governo é mais próxima daquela que nos mesmos anos havia de prevalecer na Europa ou da prática actual que prefere à declaração do estado de excepção a promulgação de leis excepcionais. Em qualquer caso, de 1917 a 1918, o Congresso aprovou uma série de Acts (do Espionage Act de Junho de 1917 ao Overman Act de Maio de 1918) que atribuiam ao presidente o completo controlo da administração do país e não só proibiam as actividades desleais (como a colaboração com o inimigo e a difusão de notícias falsas) mas vedavam mesmo «proferir voluntariamente, imprimir ou publicar qualquer discurso desleal, ímpio, soez ou enganador».

A partir do momento em que o poder do presidente se fundava essencialmente na emergência ligada a um estado de guerra, a metáfora bélica tornou-se no século XX parte integrante do vocabulário político presidencial sempre que se tratava de impôr decisões de importância vital. Franklin D. Roosevelt conseguiu assim assumir em 1933 poderes extraordinários para afrontar a grande depressão, apresentando a sua acção como a de um comandante durante uma campanha militar: «Assumo sem hesitações o comando do grande exército do nosso povo para conduzir um ataque disciplinado aos nossos problemas comuns [...]. Estou pronto a recomendar, no cumprimento dos meus deveres constitucionais, todas as medidas requeridas por uma nação flagelada num mundo flagelado [...]. Caso o Congresso não adopte as medidas necessárias e se a emergência nacional se mantiver, não me furtarei à clara exigência dos deveres que enfrento. Pedirei ao Congresso o único instrumento que resta para fazer frente à crise: amplos poderes executivos para lançar uma guerra contra a emergência [*to wage war against the emergency*], tão amplos como os poderes que me seriam outorgados se fôssemos invadidos por um inimigo externo» (Roosevelt, 1938, p. 16).

É bom não esquecer que – no paralelismo já apontado entre emergência militar e emergência económica que caracteriza a política do século XX – o *New Deal* foi executado do ponto de vista constitucional através da delegação ao presidente (contida numa série de *Statutes* que culminaram no National Recovery Act de 16 de Junho de 1933) de um poder ilimitado de regulação e controlo de todos os aspectos da vida económica do país.

A eclosão da Segunda Guerra Mundial alargou esses poderes com a proclamação de uma emergência nacional «limitada» em 8 de Setembro de 1941, que se tornou ilimitada em 27 de Maio de 1942, depois de Pearl Harbour. A 7 de Setembro de 1941, ao pedir ao Congresso a revogação de uma lei sobre matéria económica, o presidente renovou a sua pretensão de poderes soberanos frente à emergência: «Caso o Congresso não aja, ou não aja adequadamente, assumirei eu mesmo a responsabilidade de agir [...]. O povo americano pode estar certo de que não hesitarei em usar todos os poderes de que estou investido para derrotar os nossos inimigos em qualquer parte do mundo em que a nossa segurança o requeira» (Rossiter, 1948, p. 269). A mais espectacular violação dos direitos civis (e tanto mais grave quanto foi unicamente motivada por motivos raciais) deu-se em 19 de Fevereiro de 1942 com a deportação de 70 000 cidadãos americanos de origem japonesa que residiam na costa ocidental (juntamente com 40 000 cidadãos japoneses que lá viviam e trabalhavam). É na perspectiva desta reivindicação dos poderes soberanos do presidente numa situação de emergência que tem de se considerar a decisão do presidente Bush de se referir constantemente a si mesmo, depois do 11 de Setembro, como *Commander in Chief of the Army*. Se, como vimos, a assunção desse título implica uma referência ao estado de excepção, Bush procura criar uma situação em que a emergência se torna regra e em que a própria distinção entre paz e guerra (e entre guerra exterior e guerra civil mundial) se torna impossível.

1.8 À diversidade das tradições jurídicas corresponde na doutrina a divisão entre aqueles que procuram incluir o estado de excepção no âmbito do ordenamento jurídico e aqueles que o consideram exterior a este, ou seja como um fenómeno essencialmente político ou, de certa maneira, extrajurídico. Entre os primeiros, alguns, como Santi Romano, Hauriou, Mortati, concebem o estado de excepção como parte integrante do direito positivo, porque a necessidade em que se funda actua como fonte autónoma de direito; outros, como Hoerni, Ranelletti, Rossiter, entendem-no como um direito subjectivo (natural ou constitucional) do Estado à sua conservação. Os segundos, entre os quais Biscaretti, Balladore-Pallieri, Carré de Malberg, consideram pelo contrário o estado de excepção e a necessidade em que se funda como elementos de facto substancialmente extrajurídicos embora possam, eventualmente, ter consequências no âmbito do direito. Julius Hatscheck resumiu as diversas posições como uma contraposição entre uma *objektive Notstandstheorie*, segundo a qual qualquer acto praticado em estado de necessidade fora da lei ou em contradição com ela é contrário ao direito e, como tal, juridicamente imputável, e uma *subjektive Notstandstheorie*, segundo a qual o poder excepcional se funda «num direito constitucional ou pré-constitucional (natural) do Estado» (Hatscheck, 1923, p. 158 ss.), em relação ao qual a boa-fé é suficiente para garantir a respectiva imunidade.

A simples oposição topográfica (dentro/fora) implícita nestas teorias parece insuficiente para dar razão do fenómeno que deveria justificar. Se o que é próprio do estado de excepção é uma suspensão (total ou parcial) do ordenamento jurídico, como pode essa suspensão estar ainda compreendida na ordem legal? Como pode uma anomia estar inscrita na ordem jurídica? E se o estado de excepção, pelo contrário, é apenas uma situação de facto, como tal estranha ou contrária à lei, como é possível que o ordenamento contenha uma lacuna justamente no que se refere à situação decisiva? E que sentido tem esta lacuna?

Na verdade, o estado de excepção não é nem exterior nem interno ao ordenamento jurídico e o problema da sua definição respeita justamente a um limiar, ou zona de indiferença, em que dentro e fora não se excluem mas se indeterminam. A suspensão da norma não significa a sua abolição e a zona de anomia que instaura não é (ou, pelo menos, pretende não ser) sem relação com a ordem jurídica. Daqui o interesse de teorias, como a de Schmitt, que complicam a oposição topográfica numa mais complexa relação topológica, na qual estão em questão os próprios limites do ordenamento jurídico. Em qualquer caso, a compreensão do problema do estado de excepção pressupõe uma correcta determinação da sua localização (ou ilocalização). Como veremos, o conflito sobre o estado de excepção apresenta-se essencialmente como uma disputa sobre o *locus* que lhe compete.

1.9 É recorrente a opinião que dá como fundamento do estado de excepção o conceito de necessidade. Diz um adágio latino tenazmente repetido – ainda está por escrever uma história da função estratégica dos adágios na literatura jurídica – *necessitas legem non habet*, a necessidade não tem lei, o que pode ser entendido em dois sentidos opostos: «a necessidade não reconhece qualquer lei» e «a necessidade cria a sua própria lei»(*nécessité fait loi*). Em ambos os casos a teoria do estado de excepção resolve-se integralmente na do *status necessitatis* (estado de necessidade), de modo que o juízo sobre a subsistência deste esgota o problema da legitimidade daquele. O tratamento da estrutura e do significado do estado de excepção pressupõe portanto uma análise do conceito jurídico de necessidade.

O princípio segundo o qual *necessitas legem non habet* foi formulado no *Decretum* de Graciano. Aparece lá duas vezes: uma primeira vez na glosa e uma segunda no texto. A glosa (que se refere a um passo em que Graciano se limita a afirmar genericamente que «por necessidade ou por qualquer outra causa muitas coisas se fazem contra a regra», pars I, dist. 48) parece atribuir à necessidade o poder de tornar lícito o ilícito (*si propter necessitatem aliquid fit, illud licite fit: quia quod non est licitum in lege, necessitas facit licitum. Item necessitas legem non habet*). Mas o sentido em que se deve entender compreende-se melhor no texto subsequente de Graciano (pars III, dist. 1, cap. 11) que se refere à celebração da missa. Depois de precisar que o sacrifício deve ser oferecido no altar ou num lugar consagrado, Graciano acrescenta: «É preferível não cantar nem ouvir missa a celebrá-la em lugares onde não deve ser celebrada; a menos que aconteça por suma necessidade, porque a necessidade não tem lei» (*nisi pro summa necessitate contingat, quoniam necessitas legem non habet*). Mais do que tornar lícito o ilícito, a necessidade age aqui como justificação de uma trangressão num caso específico por meio de uma excepção.

Isto é evidente no modo como Tomás de Aquino desenvolve e comenta este princípio na *Summa theologica*, justamente em relação ao poder do príncipe de dispensar da lei (*Prima secundae, q. 96, art. 6: utrum ei qui subditur legi, liceat praeter verba legis agere*): «Se a observância à letra da lei não implica um perigo imediato, a que seja preciso dar remédio, não é qualquer homem quem tem o poder de interpretar que coisa é útil ou nociva à cidade; isto é competência exclusiva do príncipe, que num caso deste género tem autoridade para dispensar a lei. Se houver, porém, um perigo imprevisto, em relação ao qual não haja tempo de recorrer a um superior, a própria necessidade comporta em si uma dispensa, pois a necessidade não está sumetida à lei [*ipsa necessitas dispensationem habet annexam, quia necessitas non subditur legi*]»

A teoria da necessidade não é mais, aqui, do que uma teoria da excepção (*dispensatio*), em virtude da qual um caso específico é subtraído à obrigação da observância da lei. A necessidade não é fonte de lei nem sequer propriamente suspende a lei; limita-se a subtrair um determinado caso à aplicação literal da norma: «Aquele que em caso de necessidade age para além do texto da lei, não julga da lei mas do caso singular, no qual vê que as palavras da lei não devem ser observadas [*non iudicat de ipsa lege, sed iudicat de casu singulari, in quo videt verba legis observanda non esse*]». O fundamento último da excepção não é, aqui, a necessidade mas sim o princípio segundo o qual «toda a lei é ordenada à salvação comum dos homens e só por isso tem razão e força de lei [*vim et rationem legis*]; se deixa de o fazer não tem valor obrigatório [*virtutem obliganda non habet*]». Em caso de necessidade, a *vis obliganda* da lei desaparece porque o fim da *salus hominum* falta no caso específico. É evidente que não se trata aqui de um *status*, de uma situação da ordem jurídica como tal (o estado de excepção ou de necessidade) mas sempre de um caso singular em que *vis* e *ratio* da lei não têm aplicação.

ℵ Um caso de não aplicação da lei *ex dispensatione misericordiae* encontra-se em Graciano, num passo singular em que o canonista afirma que a Igreja pode deixar de sancionar uma transgressão no caso de que o facto transgressor já tenha ocorrido (*pro eventu rei*: por exemplo, no caso em que uma pessoa que não podia aceder ao episcopado já tenha de facto sido consagrada bispo). Aqui, paradoxalmente, a lei não se aplica justamente porque o acto transgressor efectivamente já foi consumado e a sua sanção implicaria, no entanto, consequências negativas para a Igreja. Na análise deste texto Anton Schütz observou, com razão, que «*en conditionnant la validité par la facticité, en cherchant le contact avec un réel extrajuridique, il [Gratien] empêche le droit de ne se référer qu'au droit, et prévient ainsi la clôture du système juridique*»([3]) (Schütz, 1995, p. 120).

A excepção medieval representa neste sentido uma abertura do sistema jurídico a um facto exterior, uma espécie de

---

([3]) «ao condicionar a validade pela facticidade, ao procurar o contacto com um real extrajurídico, [Graciano] impede o direito de se referir apenas ao direito e previne assim o fechamento do sistema jurídico» (*N. T*)

fictio legis pela qual, no caso em apreço, se procede como se a eleição do bispo tivesse sido legítima. O estado de excepção moderno, pelo contrário, é uma tentativa de incluir na ordem jurídica a própria excepção, criando uma zona de indistinção na qual facto e direito coincidem.

א No *De monarchia* de Dante encontra-se uma crítica implícita ao estado de excepção. Procurando demonstrar que Roma obteve o domínio do mundo não por meio da violência mas *iure*, Dante afirma de facto que é impossível alcançar os fins do direito (isto é, o bem comum) sem o direito e que portanto «quem quer que se proponha alcançar os fins do direito deve proceder com o direito [*quicunque finem iuris intendit cum iure graditur*]» (II, 5, 22). A ideia de que possa ser necessária ao bem comum uma suspensão do direito é alheia ao mundo medieval.

1.10 É só com os modernos que o estado de necessidade tende a ser incluído na ordem jurídica e a apresentar-se como um verdadeiro e propriamente dito «estado» da lei. O princípio segundo o qual a necessidade define uma situação particular na qual a lei perde a sua *vis obligandi* (é este o sentido do adágio *necessitas legem non habet*) transforma-se no princípio de que a necessidade constitui, por assim dizer, o fundamento último e a própria fonte da lei. Isto aplica-se não só àqueles autores que se propunham justificar deste modo os interesses nacionais de um Estado contra um outro (como na fórmula *Not kennt kein Gebot* usada pelo chanceler alemão Bethmann-Hollweg e retomada no livro homónimo de Josef Kohler [1915], mas também àqueles, de Jellineck a Duguit, que vêm na necessidade o fundamento da validade dos decretos com força de lei exarados pelo executivo no estado de excepção.

É interessante analisar nesta perspectiva a posição extrema de Santi Romano, um jurista que exerceu uma notável influência no pensamento jurídico europeu entre as duas guerras e que concebe a necessidade não só como não estranha ao ordenamento jurídico mas como fonte primeira e originária da lei. Romano começa por distinguir entre aqueles que vêem na necessidade um facto jurídico ou, mesmo, um direito subjectivo do Estado, que, como tal, se funda em última análise na legislação vigente e nos princípios gerais do direito, e aqueles que pensam que não passa de um mero facto e que, portanto, os poderes excepcionais que nele se fundam não têm qualquer base no sistema legislativo. Ambas as posições, que coincidem em identificar o direito com a lei, são erradas, segundo Romano, na medida em que desconhecem a existência de uma verdadeira fonte de direito propriamente dita para além da legislação. «A necessidade de que nos ocupamos aqui deve conceber-se como um estado de coisas que, pelo menos em regra e de maneira completa e eficaz em termos práticos, não pode ser disciplinada por normas estabelecidas previamente. Mas se não têm lei, fazem lei, como diz uma outra expressão usual; o que quer dizer que ela mesma constitui uma verdadeira e própria fonte de direito [...] Pode dizer-se que é a fonte primeira e originária de todo o direito de modo que todas as outras se devem considerar de certo modo derivadas dela. [...] É na necessidade que se deve ver a origem e legitimação do instituto jurídico por excelência que é o Estado e em geral do seu ordenamento constitucional, quando este é instaurado por meio de um procedimento de facto, como por exemplo através de uma revolução. E aquilo que se verifica no momento inicial de um determinado regime pode repetir-se também, se bem que numa linha excepcional e com características mais atenuadas, mesmo quando este já tenha formado e regulado as suas instituições fundamentais» (Romano, 1909; ed. 1990, p. 362). O estado de excepção, enquanto figura da necessidade, apresenta-se assim – a par da revolução e da instauração de facto de um ordenamento constitucional – como uma providência «ilegal», mas perfeitamente «jurídica e constitucional», que se concretiza na produção de novas normas (ou de uma nova ordem jurídica): «A fórmula [...] segundo a qual o estado de sítio seria, no direito italiano, uma providência contrária à lei, digamos mesmo ilegal, mas ao mesmo tempo conforme ao direito positivo não escrito, e portanto jurídica e constitucional, parece ser a fórmula mais exacta e conveniente. Que a necessidade possa vencer a lei deriva da sua própria natureza e do seu carácter originário, tanto do ponto de vista lógico como histórico. A lei tornou-se hoje certamente a mais elevada e geral manifestação da norma jurídica mas é um exagero querer alargar o seu domínio para além do campo que lhe é próprio. Há normas que não podem ser escritas ou não é oportuno que se escrevam; há outras que não podem determinar-se a não ser quando se verifica a circunstância que devem servir» (*ibid.*, p. 364).

O gesto de Antígona, que opunha ao direito escrito os *agrapta nomina*, é aqui invertido e feito valer em defesa do direito constituído. Mas em 1944, quando no seu país estava em curso uma guerra civil, o velho jurista (que se tinha já ocupado da instauração de facto de ordenamentos constitucionais) volta a interrogar-se sobre o problema da necessidade, desta vez em relação à revolução. Se a revolução é certamente um estado de facto que «não pode ser regulado no seu processo pelos poderes estatais que tende a subverter e destruir» e é, neste sentido, por definição, «antijurídico mesmo quando é justo» (Romano, 1983, p. 222), não pode no entanto aparecer como tal só «no que se refere ao direito positivo do Estado contra o qual se vira, mas isto não significa que, do ponto de vista bem diferente de como se classifica a si própria, seja um movimento ordenado e regulado pelo seu próprio direito. O que também quer dizer que é um ordenamento que deve classificar-se na categoria dos ordenamentos constitucionais originários, no sentido agora bem conhecido que se atribui a esta expressão. Nesse sentido, e dentro dos limites da esfera a que se aludiu, pode-se falar assim de um direito da revolução. Uma análise dos desenvolvimentos que tiveram as revoluções mais importantes, incluindo as recentes e recentíssimas, seria de grande interesse para a demonstração da tese que propusemos e que à primeira vista poderia parecer paradoxal: a revolução é violência, mas violência juridicamente organizada» (*ibid.*, p. 224).

O *status necessitatis* apresenta-se, assim, tanto na forma do estado de excepção como na da revolução, como uma zona ambígua e incerta, em que os procedimentos de facto, em si extra ou antijurídicos, se convertem em direito e as normas jurídicas se indeterminam em mero facto; ou seja, um limiar em que facto e direito parecem tornar-se indecidíveis. Já foi dito certeiramente que, no estado de excepção, o facto se converte em direito ("a urgência é um estado de facto mas ao qual assenta como uma luva o brocardo: *e facto oritur ius*» [Arangio-Ruiz, 1913; ed. 1972, p. 582]) mas também é verdade o contrário, isto é, que se dá nele igualmente um movimento inverso, pelo qual o direito é suspenso e obliterado no facto. O essencial é, em qualquer caso, a produção de um limiar de indecidibilidade em que *factum* e *ius* se diluem um no outro.

Daqui a aporia que nenhuma tentativa de definir a necessidade consegue ultrapassar. Se a providência que nasce da necessidade é já norma jurídica e não simples facto, porque é que tem de ser ratificada e aprovada por meio de uma lei, como julgam indispensável Santi Romano (e a maioria dos autores com ele)? Se era já direito, porque caduca se não for aprovada pelos orgãos legislativos? E se, pelo contrário, não era tal, mas sim um simples facto, como é que alguma vez os efeitos jurídicos da ratificação decorrem não do momento da conversão em lei mas sim *ex tunc* (Duguit faz notar com razão que a retroactividade é uma ficção e que a ratificação só pode produzir os seus efeitos a partir do momento em que ocorre [Duguit, 1930, p. 754])?

Mas a aporia máxima, contra a qual naufraga em última instância toda a teoria do estado de necessidade, respeita à própria natureza da necessidade, que os autores continuam a pensar, mais ou menos conscientemente, como uma situação objectiva. Contra esta concepção ingénua, que pressupõe uma pura factualidade que ela própria pôs em questão, são fáceis as críticas dos juristas que mostram como a necessidade, longe de se apresentar como um dado objectivo, implica com toda a evidência um juízo subjectivo e que obviamente apenas são necessárias e excepcionais aquelas circunstâncias que forem declaradas tais. «O conceito de necessidade é um conceito todo subjectivo, relativo ao fim que se pretende alcançar. Poder-se-á dizer que a necessidade dita a emissão de uma dada norma, porque de outro modo a ordem jurídica existente ameaça ruína; mas é preciso que se esteja de acordo em que a ordem existente deve ser preservada. De uma perspectiva revolucionária, poder-se-á proclamar a necessidade de uma nova norma que anule instituições vigentes contrárias às novas exigências; mas é preciso estar de acordo em que deva desaparecer a ordem vigente em aras dessas novas exigências. Num e noutro caso [...] o recurso à necessidade implica uma avaliação moral ou política (ou, em qualquer caso, extrajurídica) através da qual se julga a ordem jurídica e é considerada digna de conservação ou de reforço mesmo à custa da sua eventual violação. O princípio da necessidade é sempre, por conseguinte, em qualquer caso, um princípio revolucionário» (Balladore-Pallieri, 1970, p. 168).

A tentativa de resolver o estado de excepção no estado de necessidade choca assim com outras tantas e mais graves aporias do fenómeno que deveria explicar. Não só a necessidade se reduz em última instância a uma decisão, como decide sobre aquilo que é, na verdade, um indecidível de facto e direito.

> ℵ Schmitt, que várias vezes se refere nos seus escritos a Santo Romano, conhecia muito provavelmente a tentativa deste de fundar o estado de excepção na necessidade como fonte originária do direito. A sua teoria da soberania como decisão sobre a excepção atribui à *Notstand* um estatuto verdadeiramente fundamental, perfeitamente comparável àquele que lhe reconhecia Romano, que via nela a figura originária da ordem jurídica. Partilha além disso com Romano a ideia de que o direito não se esgota na lei (não é por acaso que cita Romano justamente no contexto da sua crítica ao *Rechtstaat* liberal); mas enquanto o jurista italiano identifica sem reservas Estado e direito e nega assim qualquer relevância jurídica ao conceito de poder constituinte, Schmitt vê no estado de excepção precisamente o momento em que Estado e direito mostram a sua irredutível diferença (no estado de excepção, «o Estado continua a existir enquanto o direito se desvanece»: Schmitt, 1922, p. 39) e pode assim

fundar no *pouvoir constituant* a figura extrema do estado de excepção: a ditadura soberana.

1.11 Segundo alguns autores, no estado de necessidade «o juiz elabora um direito positivo de crise, quase como em tempos normais colmata as lacunas do direito» (Mathiot, 1956, p. 424). Deste modo, o problema do estado de excepção é relacionado com um problema de particular interesse na teoria jurídica, o das lacunas do direito. Desde, pelo menos, o artigo 4.º do Código Napoleónico ("O juiz que se recuse a julgar sob o pretexto do silêncio, da obscuridade ou da insuficiência da lei poderá ser processado por denegação de justiça»), que na maior parte dos sistemas jurídicos modernos o juiz tem a obrigação de proferir sentença mesmo em presença de lacunas da lei. Por analogia com o princípio segundo o qual a lei pode ter lacunas mas o direito não as admite, o estado de necessidade deve assim ser interpretado como uma lacuna no direito público a que o poder executivo tem a obrigação de dar remédio. Um princípio que respeita ao poder judicial é assim estendido ao poder executivo.

Mas, bem vistas as coisas, em que consiste a lacuna que está aqui em questão? Há aqui na verdade alguma coisa parecida com uma lacuna em sentido próprio? A lacuna não consiste, aqui, numa carência do texto legislativo que deva ser integrada pelo juiz; consiste, antes, numa *suspensão* do ordenamento vigente para garantir a sua existência. Longe de responder a uma lacuna normativa, o estado de excepção apresenta-se como a abertura no ordenamento de uma lacuna fictícia com o escopo de salvaguardar a existência da norma e a sua aplicabilidade à situação normal. A lacuna não é interna à lei mas diz sim respeito à sua relação com a realidade, à própria possibilidade da sua aplicação. É como se o direito contivesse uma fractura essencial que se situa entre a posição da norma e a sua aplicação e que, em caso extremo, só pode ser colmatada por meio do estado de excepção, isto é criando uma zona na qual a sua aplicação é suspensa, mas a lei, como tal, permanece em vigor.

2.
Força-de-lei

2.1 A tentativa mais rigorosa para construir uma teoria do estado de excepção foi obra de Carl Schmitt, essencialmente no seu livro sobre *Die Diktatur* e no que lhe sucedeu no ano seguinte sobre *Politische Theologie*. Dado que estes dois livros, saídos no início dos anos 20, descrevem, com um profetismo por assim dizer interesseiro, um paradigma (uma «forma de governo» [Schmitt, 1921, p. 151]) que não só se manteve actual como atingiu mesmo hoje o seu pleno desenvolvimento, é necessário expôr nesta altura as teses fundamentais da doutrina schmittiana do estado de excepção.

Antes de mais, algumas notas de ordem terminológica. No livro de 1921, o estado de excepção é apresentado através da figura da ditadura. Esta, que inclui o estado de sítio, é, no entanto, essencialmente,»estado de excepção» e na medida em que se apresenta como uma «suspensão do direito» reduz-se ao problema da definição de uma «excepção concreta [...], um problema que até agora não foi tido na devida consideração pela doutrina geral do direito» (*ibid.*, p. XVII). A ditadura, em cujo contexto foi assim inscrito, é depois dividida em «ditadura comissária», que tem como fim defender ou restaurar a constituição em vigor, e «ditadura soberana», na qual, como figura da excepção, atinge por assim dizer a sua massa crítica ou o seu ponto de fusão. Em *Politische Theologie*, os termos «ditadura» e «estado de sítio» podem assim desaparecer e, em seu lugar, substituir-se-lhes o estado de excepção (*Ausnahmezustand*), enquanto a ênfase se desloca, pelo menos em aparência, da definição da excepção para a da soberania. A estratégia da doutrina schmittiana é, portanto, uma estratégia a dois tempos, cujas articulações e objectivos é preciso compreender com clareza.

O *telos* da teoria é em ambos os livros a inscrição do estado de excepção num contexto jurídico. Schmitt sabe perfeitamente que o estado de excepção, embora opere «uma suspensão de toda a ordem jurídica» (Schmitt, 1921, p. 18), parece «subtrair-se a qualquer consideração de direito» (Schmitt, 1921, p. 137) e também que «na sua consistência factual, isto é, na sua substância íntima, não pode aceder à forma do direito» (*ibid.*, p. 175). Todavia é para ele em todo caso essencial que seja assegurada uma qualquer relação com a ordem jurídica: «A ditadura, seja comissária seja soberana, implica a referência a um contexto jurídico» (*ibid.*, p. 139 ss.); «O estado de excepção é sempre uma coisa diferente da anarquia e do caos e, em sentido jurídico, existe nele ainda uma ordem, embora não seja uma ordem jurídica» (Schmitt, 1922, pp. 18 ss.).

O contributo específico da teoria schmittiana é justamente o de tornar possível uma tal articulação entre estado de excepção e ordem jurídica. Trata-se de uma articulação paradoxal, porque aquilo que deve ser inscrito no direito é algo de essencialmente exterior a ele, ou seja nada menos do que a suspensão da própria ordem jurídica (daí a formulação aporética: «Em sentido jurídico [...] existe ainda uma ordem, embora não seja uma ordem jurídica»).

O que opera a inscrição de um exterior no direito é, em *Die Diktatur*, a distinção entre normas de direito e normas de actuação do direito (*Rechtsverwirklichung*) no caso da ditadura comissária, e entre poder constituinte e poder constituído para a ditadura soberana. A ditadura comissária, com efeito, enquanto «suspende em concreto a constituição para defender a sua existência» (Schmitt, 1921, p. 136) tem em última instância a função de criar um estado de coisas que «consinta a aplicação do direito» (*ibid.*). Nela, a constituição pode ser suspensa quanto à sua aplicação «sem deixar por isso de permanecer em vigor, porque a suspensão significa unicamente uma excepção concreta» (*ibid.*, p. 137). No plano da teoria, a ditadura comissária deixa-se subsumir inteiramente na distinção entre a norma e as regras técnico-práticas que presidem à sua actuação.

É diferente a situação da ditadura soberana, que não se limita a suspender uma constituição vigente «com base num direito nela contemplado e por isso ele próprio constitucional» mas visa antes criar um estado de coisas no qual se torne possível impôr uma nova constituição. O factor que permite ancorar o estado de excepção na ordem jurídica é, neste caso, a distinção entre poder constituinte e poder constituído. O poder constituinte não é, todavia, «uma pura e simples questão de força»; é, antes, «um poder que, embora não sendo constituído em virtude de uma constituição, tem com qualquer constituição vigente um nexo tal que aparece como poder fundador [...] um nexo tal que não pode ser negado mesmo que a constituição vigente o negue» (*ibid.*) Se bem que juridicamente «informe» (*formlos*) representa «um mínimo de constituição» (*ibid.*, p. 145) inscrito em qualquer acção politicamente decisiva e capaz de assegurar também para a ditadura soberana a relação entre Estado e ordem jurídica.

Aqui se manifesta com clareza como Schmitt pode apresentar no prefácio «a distinção capital entre ditadura comissária e ditadura soberana» como o «resultado essencial do livro» que torna o conceito de ditadura «finalmente susceptível de ser tratado pela ciência do direito» (*ibid.*, p. XVIII). Aquilo que Schmitt tinha diante dos olhos era, com efeito, uma «confusão» e uma «combinação» entre as duas ditaduras, que não se cansa de denunciar (*ibid.*, p. 215). Mas tanto a teoria e a prática leninistas da ditadura do proletariado como a progressiva exacerbação do uso do estado de excepção na República de Weimar não eram uma figura da velha ditadura comissária mas qualquer coisa de novo e mais extremo, que se arriscava a pôr em causa a própria consistência da ordem jurídico-política e cuja relação com o direito se tratava para ele, justamente, de salvar a qualquer preço.

Em *Politische Theologie*, o factor da inscrição do estado de excepção na ordem jurídica é, diversamente, a distinção entre dois elementos fundamentais do direito: a norma (*Norm*) e a decisão (*Entscheidung*, *Dezision*), distinção que já fora enunciada no seu livro de 1912 *Gesetz und Urteil*. O estado de excepção, suspendendo a norma, «revela [*offenbart*] na sua absoluta pureza um elemento formal especificamente jurídico: a decisão» (Schmitt, 1922, p. 19). Os dois elementos, norma e decisão, mostram assim a sua autonomia. «Assim como, no caso normal, o momento autónomo da decisão pode ser reduzido ao mínimo, também no caso da excepção a norma é anulada [*vernichtet*]. No entanto, também o caso da excepção permanece acessível ao conhecimento jurídico, porque ambos os elementos, tanto a norma como a decisão, se mantêm no âmbito do jurídico [*im Rahmen des Juristichen*]» (*ibid.*).

Compreende-se nesta altura porquê, em *Politische Theologie*, a teoria do estado de excepção pode ser apresentada como doutrina da soberania. O soberano, que pode decidir sobre o estado de excepção, assegura a sua ancoragem na ordem jurídica. Mas justamente na medida em que a decisão diz aqui respeito à própria anulação da norma, enquanto, de facto, o estado de excepção representa a inclusão e a captura de um espaço que não está fora nem dentro (aquele que corresponde à norma anulada e suspensa), «o soberano está fora [*steht ausserhalb*] da ordem jurídica normalmente válida e, todavia, pertence-lhe [*gehört*], porque é responsável pela decisão de que a constituição possa ser suspensa *in toto*» (*ibid.*, p. 13).

Estar-fora e, todavia, pertencer: é esta a estrutura topológica do estado de excepção e só porque o soberano, que decide sobre a excepção, é, na verdade, logicamente definido no seu ser por esta, pode também ser definido pelo oxímoro *êxtase-pertença*.

א É à luz desta complexa estratégia de inscrição do estado de excepção no direito que deve ser vista a relação entre *Die Diktatur* e *Politische Theology*. Em geral, juristas e filósofos da política têm concentrado sobretudo a sua atenção sobre a teoria da soberania contida no livro de 1922 sem se darem conta de que esta só adquire o seu sentido com base na teoria do estado de excepção já elaborada em *Die Diktatur*. A posição e o paradoxo do conceito schmittiano de soberania derivam, como vimos, do estado de excepção e não o contrário. E não foi certamente por acaso que Schmitt começou por definir, no livro de 1921 e em artigos anteriores, a teoria e a prática do estado de excepção e só num segundo momento tenha definido a sua teoria da soberania em *Politische Theologie*. Esta representa sem dúvida a tentativa de ancorar sem reservas o estado de excepção na ordem jurídica; mas a tentativa não teria sido possível se o estado de excepção não tivesse sido articulado precedentemente na terminologia e na conceptualidade da ditadura e, por assim dizer, «juridificado» através da referência à magistratura romana e, depois, mercê da distinção entre normas de direito e normas de actuação.

2.2 A doutrina schmittiana do estado de excepção desenvolve-se estabelecendo, no corpo do direito, uma série de cesuras e de divisões, cujos extremos são irredutíveis um ao outro, mas que, através da sua articulação e oposição, permitem que a máquina do direito funcione.

Veja-se a oposição entre normas de direito e normas de actuação, entre a norma e a sua aplicação concreta. A ditadura comissária mostra que o momento da aplicação é autónomo em relação à norma como tal e que a norma «pode ser suspensa, sem deixar, por isso, de permanecer em vigor» (Schmitt, 1921, p. 137). Ou seja, isto representa um estado da lei em que esta não se aplica mas se mantém em vigor. A ditadura soberana, pelo contrário, em que a velha constituição já não existe e a nova está presente sob a forma «mínima» do poder constituinte, representa um estado da lei em que esta se aplica, mas não está formalmente em vigor.

Veja-se agora a oposição entre norma e decisão. Schmitt mostra que são irredutíveis, no sentido em que a decisão nunca pode ser deduzida sem um resto (*restlos*) do conteúdo de uma norma (Schmitt, 1922, p. 11). Na decisão sobre o estado de excepção, a norma é suspensa ou, mesmo, anulada; mas aquilo que está em causa nesta suspensão é, uma vez mais, a criação de uma situação que torne possível a aplicação da norma ("deve criar-se uma situação na qual possam valer [*gelten*] normas jurídicas» [*ibid.*, p. 19]). O estado de excepção separa, assim, a norma da sua aplicação, para tornar esta última possível. Isto introduz no direito uma zona de anomia, para tornar possível a normatização efectiva do real.

Podemos então definir o estado de excepção na doutrina schmittiana como o lugar onde a oposição entre a norma e a sua actuação atinge a máxima intensidade. É este um campo de tensões jurídicas, em que um mínimo de vigência formal coincide com um máximo de aplicação real e vice-versa. Mas também nesta zona extrema e, até, em virtude dela, os dois elementos do direito mostram a sua profunda coesão.

א A analogia estrutural entre linguagem e direito é aqui esclarecedora. Assim como os elementos linguísticos subsistem na *langue* sem qualquer denotação real, que só adquirem no uso, também no estado de excepção a norma vigora sem qualquer referência à realidade. Mas como, justamente, é através da pressuposição de alguma coisa como uma língua que a actividade linguística concreta se torna inteligível, também é através da suspensão da sua aplicação que no estado de excepção a norma pode ser referida à situação normal.

Pode dizer-se em geral que não só a língua e o direito mas todas as instituições sociais se formaram através de um processo de dessemantização e de suspensão da prática concreta na sua referência imediata ao real. Assim como a gramática, ao produzir um falar sem denotação, isolou do discurso qualquer coisa como uma língua, e como o direito, suspendendo o uso e os hábitos concretos dos indivíduos, pode isolar qualquer coisa como uma norma, também assim procede em todas áreas o trabalho paciente da civilização, separando a prática humana do seu exercício concreto e criando deste modo aquele excesso do significado sobre a denotação que Lévi-Strauss foi o primeiro a reconhecer. O significante excedente – um conceito-piloto nas ciências humanas do século XX – corresponde, neste sentido, ao estado de excepção, em que a norma vigora sem se aplicar.

2.3 Em 1989, Jacques Derrida deu uma conferência na Cardozo School of Law com o título *Force de loi: le fondement mystique de l'autorité*. A conferência, que era, na verdade, uma leitura do ensaio benjaminiano *Zur Kritik der Gewalt* ("Para uma crítica da violência»), suscitou um amplo debate tanto entre os filósofos como entre os juristas; mas é sintomático não só da completa separação entre cultura filosófica e cultura jurídica como também da decadência desta que ninguém se tenha disposto a analisar a fórmula, aparentemente enigmática, que dava o título ao texto.

O sintagma «força de lei» carrega às costas uma longa tradição do direito romano e medieval, onde (pelo menos a partir da Dig. De legibus 1.3: *legis virtus haec est: imperare, vetare, permittere, punire*) tem o sentido genérico de eficácia, capacidade de obrigar. Mas é só na época moderna, no contexto da Revolução Francesa, que começa a indicar o valor supremo dos actos estatais expressos pelas assembleias legislativas representativas do povo. No artigo 6.º da Constituição de 1791, *force de loi* designa assim a intangibilidade da lei mesmo em relação ao soberano, que não pode derrogá-la nem modificá-la. Neste capítulo, a doutrina moderna distingue entre a eficácia da lei, que corresponde de forma absoluta a todo o acto legislativo válido, e consiste na produção dos efeitos jurídicos, e *força de lei*, que é, pelo contrário, um conceito relativo que exprime a posição da lei, ou dos actos a ela equiparados, em relação aos outros actos do ordenamento, sejam dotados de força superior à da lei (como é o caso da constituição) ou inferior a ela (os decretos e regulamentos emanados do executivo) (Quadri, 1979, p. 10).

O que é decisivo, no entanto, em termos técnicos, é que o sintagma «força de lei» se refere, tanto na doutrina moderna como na antiga, não à lei mas àqueles decretos – dotados justamente, como se diz, de força de lei – que o poder executivo pode ser autorizado em alguns casos – e, nomeadamente, no estado de excepção – a emitir. O conceito «força-de-lei», como termo técnico do direito, define, assim, uma separação da *vis obligandi*, ou da aplicabilidade da norma, da sua essência formal, pela qual decretos, providências e medidas que não são formalmente leis adquirem no entanto a sua «força». Assim, quando em Roma o príncipe começa a adquirir o poder de emitir actos que tendem cada vez mais a valer como leis, a doutrina romana diz que estes actos têm «vigor de lei» (Ulp. D. 1, 4 1: *quod principi placuit legis habet vigorem*; com expressões equivalentes, mas nas quais a distinção formal entre lei e constituição do príncipe é sempre sublinhada, Gaio escreve *legis vicem obtineat* e Pompónio *pro lege servatur*).

No nosso tratamento do estado de excepção, encontrámos numerosos exemplos desta confusão entre actos do poder executivo e actos do poder legislativo; esta confusão define também, como vimos, uma das características essenciais do estado de excepção. (O caso-limite é o regime nazi, no qual, como Eichmann não se cansava de repetir, «as palavras do *Führer* têm força-de-lei» [*Gesetzeskraft*]»).

Mas, de um ponto de vista técnico, o contributo específico do estado de excepção não é tanto a confusão dos poderes, sobre a qual se tem insistido até demais, quanto o isolamento da «força-de-lei» da lei. Ele define um «estado da lei» no qual, por um lado, a norma vigora mas não se aplica (não tem «força») e, por outro, actos que não têm valor de lei adquirem a sua «força». Assim, no caso extremo, a «força-de-lei» flutua como elemento indeterminado, que tanto pode ser reivindicado pela autoridade estatal (que aja como ditadura comissária) como por uma organização revolucionária (que aja como ditadura soberana). O estado de excepção é um espaço anómico, no qual está em jogo uma força-de-lei sem lei (que se deveria portanto escrever: força-de-~~lei~~). Uma tal «força-de-~~lei~~», na qual a potência e o acto estão radicalmente separados, é certamente uma espécie de elemento místico ou, melhor, uma *fictio* através da qual o direito procura anexar a própria anomia. Mas como seja possível pensar um tal elemento «místico» e em que modo ele age no estado de excepção é justamente o problema que devemos procurar esclarecer.

2.4 O conceito de aplicação é certamente uma das categorias mais problemáticas da teoria jurídica – e não só dela. A questão foi encaminhada para um falso caminho pela referência à doutrina kantiana do juízo como faculdade de pensar o particular como conteúdo do geral. A aplicação de uma norma seria assim um caso de juízo determinante, no qual o geral (a regra) é dado e se trata de subsumir nele o caso particular (no juízo reflexivo, pelo contrário, o particular é que é dado e trata-se de encontrar a regra geral). Embora Kant tivesse perfeita consciência da aporeticidade do problema e da dificuldade de discernir em concreto os dois tipos de juízo (a sua doutrina do exemplo como caso de uma regra que não é possível enunciar é a prova disso, sendo o equívoco, aqui, que a relação entre caso e norma é apresentada como operação meramente lógica).

Mais uma vez, a analogia com a linguagem é esclarecedora: na relação entre o geral e o particular (muito mais no caso da aplicação de uma norma jurídica) não está em causa só uma subsunção lógica, mas antes de mais a passagem de uma proposição genérica dotada de uma referência meramente virtual à relação concreta com um segmento de realidade (isto é, nada menos do que o problema da relação actual entre linguagem e mundo). Esta passagem da *langue* à *parole*, ou do semiótico ao semântico, não é de modo algum uma operação lógica, mas envolve sempre uma actividade prática, isto é a assunção da *langue* por parte de um ou de vários falantes e a efectivação daquele dispositivo complexo que Benveniste definiu como função enunciativa e que frequentemente os lógicos tendem a subavaliar. No caso da norma jurídica, a referência ao caso concreto supõe um «processo», que implica sempre uma pluralidade de sujeitos e culmina, em última instância, no pronunciamento de uma sentença, isto é, de um enunciado cuja referência operativa à realidade é garantida pelos poderes institucionais.

Um posicionamento correcto do problema da aplicação exige portanto que esta seja preliminarmente transferida do campo lógico para o da prática. Não só, como Gadamer mostrou (1960, pp. 360, 395), qualquer interpretação linguística é sempre, na realidade, uma aplicação que exige uma operação eficaz (que a tradição da hermenêutica teológica resumiu na máxima que Johann A. Bengel antepôs à sua edição do Novo Testamento: *te totum applica ad textum, rem totam applica ad te*); como também, no caso do direito, é perfeitamente evidente – e foi fácil para Schmitt teorizar esta evidência – que a aplicação de uma norma não está de modo nenhum contida nela nem pode ser dela deduzida, pois de outro modo não teria sido preciso criar o imponente edifício do direito processual. Como entre a linguagem e o mundo, assim também entre a norma e sua aplicação não existe qualquer nexo interno que permita fazer derivar directamente uma da outra.

O estado de excepção é, neste sentido, a abertura de um espaço no qual aplicação e norma exibem a sua separação e uma pura força-de-lei realiza (ou seja, aplica, des-aplicando) uma norma cuja aplicação foi suspensa. Deste modo, a soldadura impossível de norma e realidade, e a consequente constituição do âmbito normal, é operada sob a forma da excepção, isto é, através da pressuposição do seu nexo. Isto significa que, para aplicar uma norma, é preciso, em última análise, suspender a sua aplicação, produzir uma excepção. Em qualquer caso, o estado de excepção assinala um limiar em que lógica e prática se indeterminam e uma pura violência sem *logos* pretende actuar um enunciado sem qualquer referência real.

3.

Iustitium

3.1 Há um instituto no direito romano que se pode considerar de certa maneira o arquétipo do moderno *Ausnahmezustand* e que, no entanto – ou talvez por isto mesmo – não parece ter recebido atenção suficiente por parte dos historiadores do direito e dos teóricos do direito público: o *iustitium*. Dado que nos permite observar o estado de excepção na sua forma paradigmática, vamos servir-nos dele como uma espécie de modelo em miniatura para tentar deslindar as aporias que a teoria moderna do estado de excepção não consegue resolver.

Se tinha notícia de qualquer situação que pusesse em perigo a República, o senado emitia um *senatus consultum ultimum* por meio do qual pedia aos cônsules (ou àqueles que faziam as vezes deles em Roma, *interrex* ou pró-cônsules) e, em alguns casos, também ao pretor e aos tribunos da plebe e, no limite, a qualquer cidadão, para tomarem todas as medidas que se considerassem necessárias para a salvação do estado (*rem publicam defendant, operamque dent ne quid respublica detrimenti capiat*). Este senátus-consulto tinha na sua base um decreto que declarava o *tumultus* (ou seja a situação de emergência em Roma resultante de uma guerra externa, de uma insurreição ou de uma guerra civil) e dava lugar habitualmente à proclamação de um *iustitium* (*iustitium edicere* ou *indicere*). O termo *iustitium* – construído exactamente como *solstitium* – significa literalmente «paragem, suspensão do direito»: *quando ius stat* – explicam etimologicamente os gramáticos – *sicut solstitium dicitur* (*iustitium* diz-se quando o direito está parado, como [o Sol no] solstício); ou também, nas palavras de Aulo Gélio, *iuris quasi interstitio quaedam et cessatio* (como que um intervalo e uma espécie de cessação do direito). Ou seja, implicava uma suspensão não simplesmente da administração da justiça mas do direito como tal. É o sentido deste paradoxal instituto jurídico – que consiste unicamente na produção de um vazio jurídico – que deve ser examinado tanto do ponto de vista da sistemática do direito público como do ponto de vista filosófico-político.

א A definição do conceito de *tumultus* – em particular aquele que respeita à guerra (*bellum*) – tem dado lugar a discussões nem sempre pertinentes. O nexo entre os dois conceitos está já presente nas fontes antigas, por exemplo no passo das *Filípicas* (8, 11) em que Cícero afirma que «pode haver uma guerra sem tumulto mas não um tumulto sem guerra». Este trecho não significa, como é evidente, que o tumulto seja uma forma especial ou mais forte de guerra (*qualificiertes, gesteigertes bellum* [cf. Nissen, 1877, p. 78]); estabelece, sim, entre os dois termos uma diferença irredutível, do mesmo passo que afirma uma conexão entre eles. Uma análise dos excertos de Lívio sobre o *tumultus* mostra na verdade que a causa do tumulto pode ser (mas nem sempre é) uma guerra exterior mas que o termo designa tecnicamente um estado de desordem e de agitação (*tumultus* é afim de *tumor*, que significa inchaço, fermentação) que resulta em Roma daquele acontecimento (como a notícia de uma derrota na guerra com os Etruscos suscita em Roma um tumulto e *maiorem quam re terrorem* [Liv., 10, 4, 2]). Esta confusão entre causa e efeito é evidente na definição dos léxicos: *bellum aliquod subitum, quod ob periculi magnitudinem hostiumque vicinitatem magnam urbi trepidationem incutiebat* (Forcellini). O tumulto não é a «guerra imprevista» mas a *magna trepidatio* que ela causa em Roma. Por isso, o mesmo termo pode designar noutros casos a desordem resultante de uma insurreição interna ou de uma guerra civil. A única definição possível capaz de abranger todos os casos comprovados é a que vê no *tumultus* «a cesura através da qual, do ponto de vista do direito público, se realiza a possibilidade de medidas excepcionais» (Nissen, 1877, p. 76). A relação entre *bellum* e *tumultus* é a mesma que se dá entre guerra e estado de sítio militar, por um lado, e estado de excepção, por outro.

3.2 Não pode decerto surpreender ninguém que a reconstrução de uma coisa parecida com uma teoria do estado de excepção na constituição romana tenha sempre embaraçado os romanistas, tendo em conta que em regra ela não existe no direito público.

O comportamento de Mommsen é, neste sentido, significativo. Quando, no seu *Römisches Staatrecht*, tem de enfrentar o problema do *senatus consultum ultimum* e do estado de necessidade que ele pressupõe, não encontra nada melhor do que deitar mão da imagem do direito de legítima defesa (o termo alemão para legítima defesa, *Notwehr*, lembra o de estado de emergência, *Notstand*): «Assim como naqueles casos prementes, em que a protecção da comunidade desfalece, qualquer cidadão adquire um direito de legítima defesa, também existe um direito de legítima defesa para o Estado e para qualquer cidadão como tal, quando a comunidade está em perigo e a função do magistrado vem a faltar. Se bem que em certo sentido se situe fora do direito [*ausserhhalb des Rechts*], é todavia necessário tornar compreensíveis a essência e a aplicação deste direito de legítima defesa [*Notwehrrecht*] pelo menos na medida em que é susceptível de uma exposição teórica» (Mommsen, 1969, vol. 1, pp. 687 ssg.).

À afirmação do carácter extrajurídico do estado de excepção e à dúvida sobre a própria possibilidade de uma sua apresentação teórica correspondem, no respectivo tratamento, hesitações e incoerências, que surpreendem num espírito como o de Mommsen, que tem sido caracterizado mais como sistemático do que histórico. Começa por não examinar o *iustitium*, de cuja contiguidade com o *senatus consultum ultimum* tem perfeita consciência, na secção dedicada ao estado de necessidade (*ibid.*, pp. 687--97), mas sim na que trata do direito de veto dos funcionários (*ibid.*, pp. 250 sgs.). Além disso, embora se dê conta de que o *senatus consultum ultimum* se refere essencialmente à guerra civil (através dele «é proclamada a guerra civil» [*ibid.*, p. 695]), parece não distinguir entre *tumultus* e estado de guerra (*Kriegsrecht*). No último volume do *Staatsrecht* ele define o *senatus consultum ultimum* como uma «quase--ditadura», introduzida no sistema constitucional no tempo dos Gracos; e acrescenta que «no último século da República, a prerrogativa do senado de exercer sobre os cidadãos um direito de guerra nunca mais foi seriamente contestada» (*ibid.*, vol. 3, p. 1243). Mas a imagem de uma «quase-ditadura», que será recolhida por Plaumann, é completamente enganadora, porque não só não há aqui qualquer criação de uma nova magistratura, como também qualquer cidadão aparece aqui investido de um *imperium* instável e anómalo que não se deixa definir nos termos do ordenamento normal.

Na definição deste estado de excepção, a perspicácia de Mommsen manifesta-se justamente no ponto em que mostra os seus limites. Ele observa que o poder em questão excede absolutamente os direitos constitucionais dos magistrados e não pode ser examinado de um ponto de vista jurídico formal. «Se já a menção dos tribunos da plebe e dos governadores das províncias, que são desprovidos de *imperium* ou não dispõem dele senão nominalmente – escreve ele –, impede de considerar que este apelo [aquele que se contém no *senatus consultum ultimum*] seja apenas uma recomendação aos magistrados para que exerçam com vigor os seus direitos constitucionais, o que se manifesta de forma ainda mais evidente na circunstância de que, desde o *senatus consultum* provocado pela ofensiva de Aníbal, todos os ex-ditadores, cônsules e censores reassumiram o *imperium* e o conservaram até ao afastamento do inimigo. Como é lembrado também aos censores, não se trata de uma prorrogação excepcional do cargo de que estavam anteriormente investidos, sobre o qual de resto não poderia dispor desta forma o senado. Estes *senatus consulta* não podem ser julgados do ponto de vista jurídico-formal: é a necessidade que dita o direito e o senado, como suprema autoridade da comunidade, ao declarar o estado de excepção [*Notstand*] limita-se a acrescentar o conselho de organizar como for oportuno as necessárias defesas pessoais». Mommsen recorda aqui o caso de um cidadão particular, Cipião Nasica, que, perante a recusa dos cônsules em agirem contra Tibério Graco como determinava um *senatus consultum ultimum*, exclama: *qui rem publicam salvam esse vult, me sequatur!* E mata Tibério Graco. «O *imperium* destes chefes no estado de excepção [*Notstandsfeldherren*] está para o dos cônsules mais ou menos como o dos pretores ou do pro-cônsul está para o dos cônsules [...]. O poder que é conferido aqui é o que é habitual num comandante, sendo indiferente que se dirija contra o inimigo que sitia Roma ou o cidadão que se subleva [...] De resto, esta autoridade de comando [*Commando*], manifeste-se como se manifestar, é ainda menos explícita na área *militiae* do que o poder análogo no estado de necessidade [*Notstandscommando*], e, como este, desaparece por si à medida que se desvanece o perigo») Mommsen, 1969, vol.1, pp. 695 ss.).

Na descrição deste *Notstandscommando*, em que qualquer cidadão parece estar investido de um *imperium* flutuante e «fora do direito», Mommsen aproximou-se tanto quanto lhe era possível da formulação de uma teoria do estado de excepção, sem chegar a formulá-la.

3.3 Em 1877, Adolph Nissen, professor da Universidade de Estrasburgo, publica a monografia *Das Iustitium. Eine Studie aus der römische Rechtsgeschichte*. O livro, que se propõe analisar um «instituto jurídico que tem passado até agora quase desapercebido», é interessante por muitas razões. Nissen é o primeiro a ver com clareza que a compreensão habitual do termo como «férias judiciais» (*Gerichtsferien*) é de todo insuficiente e que, no seu sentido técnico, deve ser diferente também do seu significado mais tardio de «luto público». Tome-se um caso exemplar de *iustitium*, aquele de que nos informa Cícero em *Fil.* 5, 12. Perante a ameaça de António, que marcha em armas sobre Roma, Cícero dirige-se ao senado com estas palavras: *tumultum censeo decerni, iustitium indici, saga sumi dico oportere* (afirmo que é necessário declarar o estado de *tumultus*, proclamar o *iustitium* e envergar os mantos: *saga sumere* significa mais ou menos que os cidadãos devem despir as togas e preparar-se para combater). É fácil para Nissen mostrar que traduzir aqui *iustitium* por «férias judiciais» não faria pura e simplesmente sentido; trata-se, antes, perante uma situação de excepção, de pôr de parte as restrições que a lei impõe à acção dos magistrados (em especial a proibição, estabelecida pela *Lex Sempronia*, de executar um cidadão romano *iniussu populi*). *Stillstand des Rechts*, «paragem e suspensão do direito», é a fórmula que, segundo Nissen, ao mesmo tempo traduz à letra e define o termo *iustitium*. O *iustitium* «suspende o direito e, deste modo, todas as prescrições jurídicas são postas fora de jogo. Nenhum cidadão romano, seja magistrado ou privado, tem agora poderes ou deveres» (*ibid.*, 105). Quanto ao objectivo desta neutralização do direito Nissen não tem dúvidas: «Quando o direito já não estava em condições de levar a cabo a sua suprema missão: garantir o bem comum, abandonava-se de momento o direito e assim como nos casos de necessidade os magistrados eram libertados dos vínculos da lei mediante um *senatus consultum*, assim também no caso mais extremo o direito era posto de parte. Em vez de o transgredir, quando se tornava nocivo era afastado, suspendia-se através de um *iustitium*» (*ibid.*, p. 99). Isto é, o *iustitium* responde, segundo Nissen, à mesma necessidade que Maquiavel exprimia sem reservas quando, nos *Discorsi*, sugeria que se «rompesse» o ordenamento para o salvar ("Porque, quando falta numa república um modo similar, é necessário ou, servindo as ordens, destruir; ou, para não destruir, rompê-las» [*ibid.*, p. 138]).

Na perspectiva do estado de necessidade (*Notfall*), Nissen pode assim interpretar o *senatus consultum ultimum*, a declaração de *tumultus* e o *iustitium* como sistematicamente conexos. O *consultum* pressupõe o *tumultus* e o *tumultus* é a única causa do *iustitium*. Não são categorias do direito penal mas do direito constitucional e designam «a cesura através da qual do ponto de vista do direito público se realiza a possibilidade de medidas excepcionais [*Ausnahmemassregeln*]» (Nissen, 1877, p. 76).

א No sintagma *senatus consultum ultimum*, o termo que define a sua especificidade em relação aos outros *consulta* é, evidentemente, o adjectivo *ultimum*, que parece não ter recebido a devida atenção por parte dos estudiosos. Que ele tenha aqui um valor técnico é provado pelo facto de que se encontra repetido tanto para definir a situação que justifica o *consultum* (*senatus consultum ultimae necessitatis*) como na *vox ultima*, o apelo dirigido a todos os cidadãos para a salvação da república (*qui rempublicam salvare vult, me sequatur*).
Ultimus deriva do advérbio *uls*, que significa «além» (por oposição a *cis*, aquém). O significado etimológico de *ultimus* é portanto: aquilo que se encontra totalmente além, o mais extremo. *Ultima necessitas* (*necedo* equivale etimologicamente a «não posso recuar») indica uma zona para além da qual não é possível reparação ou salvação. Mas se perguntarmos agora: «Em relação a quê se situa o *senatus consultum ultimum* em tal dimensão de extremidade?» a única resposta possível é: a ordem jurídica, que no *iustitium* é de facto suspensa. Neste sentido, *senatus consultum ultimum* e *iustitium* apontam o limite da ordem constitucional romana.

א A monografia de Middel (1887), publicada em latim (mas os autores modernos são citados em alemão), fica muito aquém de um aprofundamento teórico do problema. Se bem que veja com clareza, como Nissen, o estreito nexo que existe entre *tumultus* e *iustitium*, Middel realça a contraposição formal entre o *tumultus*, que é decretado pelo senado, e o *iustitium*, que tem de ser proclamado por um magistrado, e daí deduz que a tese de Nissen (o *iustitium* como suspensão integral do direito) era excessiva, porque o magistrado não podia libertar-se sozinho do vínculo das leis. Reabilitando desta maneira a velha interpretação do *iustitium* como «férias judiciais» deixa que lhe escape o sentido do instituto.

Com efeito, fosse quem fosse que estivesse tecnicamente habilitado a proclamar o *iustitium*, o certo é que era declarado sempre e apenas *ex auctoritate patrum*, e o magistrado (ou o simples cidadão) agia assim com base num estado de perigo que autorizava a suspensão do direito.

3.4 Procuremos fixar as características do *iustitium* tal como resultam da monografia de Nissen e tentemos ao mesmo tempo desenvolver as suas análises na direcção de uma teoria geral do estado de excepção.

Antes de mais, na medida em que o *iustitium* proclama uma paragem e uma suspensão de toda a ordem jurídica não pode ser interpretado através do paradigma da ditadura. Na constituição romana, o ditador era uma figura específica de magistrado escolhido pelos cônsules, cujo *imperium*, extremamente amplo, era conferido através de uma *lex curiata*, que definia os seus objectivos. No *iustitium*, pelo contrário (mesmo no caso em que seja declarado por um ditador em funções), não há criação de qualquer nova magistratura; o poder ilimitado de que gozam de facto *iustitio indicto* os magistrados existentes não resulta da atribuição de um *imperium* ditatorial mas da suspensão das leis que regulavam a sua acção. Quer Mommsen quer Plaumann (1913) têm disto perfeita consciência e, por isso, não falam de ditadura mas de «quase ditadura»; o «quase», no entanto, não só não elimina de modo algum o equívoco mas contribui mesmo para orientar a interpretação daquela instituição segundo um paradigma claramente erróneo.

Isto vale exactamente na mesma medida para o estado de excepção moderno. Ter confundido estado de excepção com ditadura é a limitação que impediu tanto Schmitt, em 1922, como Rossiter e Friedrich depois da Segunda Muerra Mundial de resolverem as aporias do estado de excepção. Em ambos os casos, o erro era interesseiro, pois era certamente mais fácil justificar juridicamente o estado de excepção inscrevendo-o na tradição prestigiosa da ditadura romana do que restituindo-o ao seu autêntico, mas mais obscuro paradigma genealógico no direito romano: o *iustitium*. Nesta perspectiva, o estado de excepção não se define, segundo o modelo ditatorial, como uma plenitude dos poderes, um estado pleromático do direito, mas como um estado kenomático, um vazio e uma paragem do direito.

א Na publicística moderna banalizou-se o costume de definir como ditaduras os Estados totalitários nascidos da crise das democracias depois da Primeira Guerra Mundial. Assim, tanto Mussolini como Hitler, como Franco ou Estaline, são indiferentemente apresentados como ditadores. Mas nem Mussolini nem Hitler podem ser tecnicamente definidos como ditadores. Mussolini era o chefe do governo, legalmente investido no cargo pelo rei, tal como Hitler era o chanceler do *Reich*, nomeado pelo seu legítimo presidente. Aquilo que caracteriza tanto o regime fascista como o nazi é, como se sabe, que deixaram subsistir as constituições vigentes (o Estatuto albertino e a Constituição de Weimar, respectivamente) pondo a par da constituição legal, segundo um paradigma que foi acertadamente caracterizado como «Estado dual», uma segunda estrutura, em geral não formalizada juridicamente, que podia existir a par da outra graças ao estado de excepção. O termo «ditadura» é totalmente inadequado para dar conta de tais regimes do ponto de vista jurídico, assim como, de resto, a seca oposição democracia/ditadura é enganadora para uma análise dos paradigmas governamentais hoje dominantes.

א Schmitt, que não era um romanista, conhecia no entanto o *iustitium* como forma do estado de excepção ("a *martial law* pressupunha uma espécie de *iustitium*» [Schmitt, 1921, p. 183]), com toda a probabilidade através do estudo de Nissen (cujo nome é citado no livro sobre a ditadura, embora em relação com um outro texto). Partilhando embora a ideia de Nissen segundo a qual o estado de excepção representa um «vazio de direito» (Nissen fala de *vacuum* jurídico), Schmitt prefere falar, a propósito do *senatus consultum ultimum*, de «quase ditadura» (o que pressupõe o conhecimento, se não do estudo de Plaumann de 1913, pelo menos do *Staatsrecht* de Mommsen).

3.5 A singularidade deste espaço anómico que acaba inesperadamente por coincidir com o da cidade é de ordem a desorientar não só os estudiosos modernos como as próprias fontes antigas. Assim, Lívio, descrevendo a situação criada pelo *iustitium*, afirma que os cônsules, os mais altos magistrados romanos, eram *in privato abditi*, reduzidos ao estado de cidadãos privados (Liv., 1, 9, 7); por outro lado, Cícero, a propósito do gesto de Cipião Nasica, escreve que ele, embora sendo um cidadão privado, ao matar Tibério Graco agiu «como se fosse um cônsul» (*privatus ut si consul esset*, Tusc., 4, 23, 51). O *iustitium* parece pôr em questão a própria consistência do espaço público; mas, em contrapartida, também a do espaço privado é na mesma medida imediatamente neutralizada. Esta paradoxal coincidência de privado e público, de *jus civile* e *imperium* e, no limite, de jurídico e não jurídico, trai na realidade a dificuldade ou impossibilidade de pensar um problema essencial: o da natureza dos actos cometidos durante o *iustitium*. O que é uma prática humana integralmente confinada a um vazio jurídico? É como se, ao ver abrir-se à acção humana um espaço inteiramente anómico, tanto os antigos como os modernos recuassem atemorizados. Tanto Mommsen como Nissen (que no entanto afirma sem reservas o carácter de *tempus mortuum* jurídico do *iustitium*) deixam subsistir um não mais bem identificado *Notstandscommando*, no caso do primeiro, e um «comando ilimitado», no do segundo (*Befehl*, [Nissen, 1877, p. 105]), ao qual corresponde na mesma medida uma ilimitada obediência. Mas como pode esse comando sobreviver na ausência de qualquer prescrição e determinação jurídica?

É nesta perspectiva que há-de ser vista também a impossibilidade (comum às fontes antigas e às modernas) de definir com clareza as consequências jurídicas dos actos cometidos durante o *iustitium* com o fim de salvar a *res publica*. O problema era de especial relevo porque dizia respeito à punibilidade ou não do homicídio de um cidadão romano *indemnatus*. Já Cícero, a propósito do assassínio dos sequazes de Caio Graco por Opímio, define como um «problema interminável» (*infinita quaestio*) o da punibilidade do homicida de um cidadão romano que tivesse agido em execução de um *senatus consultum ultimum* (De Or., 2, 3, 134); Nissen, pelo seu lado, nega que tanto o magistrado que tivesse agido em execução do *senatus consultum* quanto os cidadãos que o tivessem seguido, pudessem ser puníveis uma vez terminado o *iustitium*; mas é contraditado pelo facto de que na realidade Opímio foi processado (embora depois absolvido) e Cícero foi condenado ao exílio em consequência da sua repressão sanguinária da conjura de Catilina.

Toda a questão está mal posta, na verdade. A aporia apenas se esclarece, com efeito, se se considera que, visto que se produzem num vácuo jurídico, os actos cometidos durante o *iustitium* estão radicalmente subtraídos a qualquer determinação jurídica. Do ponto de vista do direito é possível classificar as acções humanas em actos legislativos, executivos e transgressivos. Mas o magistrado ou o cidadão privado que agem durante o *iustitium* não cumprem, com toda a evidência, nem transgridem uma lei e, por maioria de razão, muito menos criam direito. Todos os estudiosos concordam no facto de que o *senatus consultum ultimum* não tem nenhum conteúdo positivo: limita-se a exprimir um conselho com uma fórmula extremamente vaga (*videant consules...*), que deixa inteiramente livre o magistrado ou alguém por ele de agir como entender e, no limite, de não agir de facto. Se se quisesse a todo o custo dar um nome a uma acção humana que se consuma em condições de anomia – poder-se-ia dizer que aquele que age durante o *iustitium* não executa nem transgride, apenas *inexecuta* o direito. As suas acções são, neste sentido, meros factos, cuja avaliação, uma vez caducado o *iustitium*, dependerá das circunstâncias; mas, enquanto dura o *iustitium*, são absolutamente indecidíveis e a definição da sua natureza – executiva ou transgressiva, e, no limite, humana, bestial ou divina – está fora do âmbito do direito.

3.6 Experimentemos agora compendiar em forma de teses os resultados do nosso inquérito genealógico sobre o *iustitium*.

1) O estado de excepção não é uma ditadura (constitucional ou inconstitucional, comissária ou soberana) mas um espaço vazio de direito, uma zona de anomia na qual todas as determinações jurídicas – e, antes de mais, a própria distinção entre público e privado – são desactivadas. São portanto falsas todas as teorias que procuram anexar directamente o estado de excepção ao direito; e é assim quer para a teoria da necessidade como fonte jurídica originária, quer para aquela que vê no estado de excepção o exercício de um direito do Estado à sua própria defesa ou o repristinamento de um originário estado pleromático do direito (os «plenos poderes»). Mas falazes são também as doutrinas que, como a de Schmitt, procuram inscrever mediatamente o estado de excepção num contexto jurídico, fundando-o na divisão entre normas de direito e normas de actuação do direito, entre poder constituinte e poder constituído, entre norma e decisão. O estado de necessidade não é um «estado do direito» mas um espaço sem direito (mesmo se não é um estado de natureza mas se apresenta como a anomia que resulta da suspensão do direito).

2) Este espaço vazio de direito parece ser, por alguma razão, tão essencial à ordem jurídica que esta deve procurar por todos os meios assegurar-se de uma relação com ele, quase como se, para ter fundamento, tivesse de se manter necessariamente em relação com uma anomia. Por um lado, o vazio jurídico que está em causa no estado de excepção parece absolutamente impensável para o direito; por outro, todavia, este impensável reveste-se para a ordem jurídica de uma relevância estratégica decisiva, que se trata justamente de, a qualquer preço, não se deixar fugir.

3) O problema crucial ligado à suspensão do direito é o dos actos cometidos durante o *iustitium*, cuja natureza parece escapar a qualquer definição jurídica. Na medida em que não são transgressivos, nem executivos, nem legislativos, parecem situar-se, em relação ao direito, num absoluto não-lugar.

4) É a esta indefinibilidade e a este não lugar que responde a ideia de uma força-de-lei. É como se a suspensão das leis libertasse uma força ou um elemento místico, uma espécie de *mana* jurídico (a expressão é usada por Wagenvoort para definir a *auctoritas* romana [Wagenvoort, 1947, p. 106]), do qual tentam apropriar-se tanto o poder como os seus adversários, tanto o poder constituído como o poder constituinte. A força-de-lei separada da lei, o *imperium* instável, a vigência sem aplicação e, mais em geral, a ideia de uma espécie de «grau zero» da lei, são outras tantas ficções através das quais o direito tenta incluir em si a sua própria ausência e apropriar-se do estado de excepção ou, pelo menos, assegurar-se de uma relação com ele. Que estas categorias, exactamente como os conceitos de *mana* ou de *sacer* na antropologia e na ciência das religiões entre os séculos XIX e XX, sejam, na verdade, mitologemas científicos, não significa que não seja possível e útil analisar a função que desempenham na longa batalha que o direito trava em torno da anomia. É mesmo possível que esteja em questão nada menos que a definição daquilo a que Schmitt chama o «político». O fim essencial de uma teoria não é apenas o de esclarecer a natureza jurídica ou não do estado de excepção, antes o de definir o sentido, o lugar e os modos da sua relação com o direito.

4

Gigantomaquia em torno de um vazio

4.1 É nesta perspectiva que leremos agora o debate entre Walter Benjamin e Carl Schmitt sobre o estado de excepção. O dossier exotérico deste debate, que se desenrola com diversos modos e intensidade entre 1925 e 1956, não é muito vasto: a citação benjaminiana de *Politische Theologie* em *Ursprung des deutschen Trauerspiel*; o *curriculum vitae* de 1928 e a carta de Benjamin a Schmitt de Dezembro de 1930, que testemunham um interesse e uma admiração pelo «juspublicista fascista» (Tiedemann, em Benjamin, *GS*, vol. 1. 3, p. 886) que sempre pareceram escandalosos; as citações e referências a Benjamin no livro de Schmitt *Hamlet oder Hekuba*, quando o filósofo judeu já tinha morrido há dezasseis anos. Este dossier foi ampliado posteriormente com a publicação em 1988 das cartas de Schmitt a Viesel de 1973, nas quais Schmitt afirma que o seu livro de 1938 sobre Hobbes fora concebido como uma «resposta a Benjamin [...] que passou desapercebida» (Viesel, 1988, p. 14; cf. as observações de Brederkamp, 1998, p. 913).

O dossier esotérico, no entanto, é mais vasto e está ainda por explorar em todas as suas implicações. Procuraremos, de facto, demonstrar que como primeiro documento deste dossier se deve inscrever não a leitura benjaminiana de *Politische Theologie* mas a leitura schmittiana do ensaio benjaminiano *Zür Kritik der Gewalt* (1921). Este ensaio foi publicado no n.º 47 do *Archiv für Sozialwissenschaften und Sozialpolitik*, uma revista co-dirigida por Emil Lederer, então professor na Universidade de Heidelberg (e mais tarde na New School for Social Research de Nova Iorque) que se contava entre as pessoas que Benjamin frequentava nesse período. Ora bem, não só entre 1924 e 1927 Schmitt publica no *Archiv* numerosos ensaios e artigos (entre os quais a primeira versão de *O Conceito do Político*) como um escrutínio atento das notas de pé de página e das bibliografias dos seus escritos mostra que até 1915 era um leitor regular da revista (ele cita, entre outros, o número imediatamente anterior e o número imediatamente a seguir ao fascículo em que aparece o ensaio de Benjamin). Como leitor assíduo e colaborador do *Archiv*, Schmitt dificilmente podia não ter reparado num texto como *Zür Kritik der Gewalt*, que abordava, como veremos, questões essenciais para ele. O interesse de Benjamin pela doutrina schmittiana da soberania foi sempre julgado escandaloso (Taubes definiu uma vez a carta a Schmitt como «uma mina que podia fazer explodir a ideia generalizada da história intelectual de Weimar» [Taubes, 1987, p. 27]); virando o escândalo do avesso, tentaremos ler a teoria schmittiana da soberania como uma resposta à crítica benjaminiana da violência.

4.2 O objectivo daquele ensaio é o de assegurar a possibilidade de uma violência (o termo alemão *Gewalt* significa também simplesmente «poder») absolutamente «de fora» (*ausserhalb*) e «para além» (*jenseits*) do direito, que, como tal, poderia estilhaçar a dialéctica entre violência que estabelece o direito e violência que o conserva (*rechtsetzende und rechtserhaltende Gewalt*). Benjamin designa esta outra figura da violência por «pura» (*reine Gewalt*) ou «divina» e, na esfera humana, «revolucionária». Aquilo que o direito não pode em caso algum tolerar, aquilo que sente como uma ameaça com a qual é impossível pactuar é a existência de uma violência fora do direito; e isto não porque os fins de uma tal violência sejam incompatíveis com o direito mas «pelo simples facto da sua existência fora do direito» (Benjamin, 1921, p. 183). O objectivo da crítica benjaminiana é provar a realidade (*Bestand*) de uma tal violência: «Se for reconhecida também à violência uma realidade para além do direito, como violência puramente imediata, fica demonstrada também a possibilidade da violência revolucionária, que é o nome a dar à suprema manifestação de violência pura por parte do homem» (*ibid.*, p. 202). O carácter próprio desta violência é que não estabelece, nem conserva o direito, mas o *depõe* (*Entsetzung des Rechts* [*ibid.*]) e inaugura uma nova época histórica.

Nesse ensaio, Benjamin não menciona o estado de excepção, embora use o termo *Ernstfall*, que em Schmitt aparece como sinónimo de *Ausnahmezustand*. Mas um outro termo técnico do léxico schmittiano está presente no texto: *Entscheidung*, decisão. O direito, escreve Benjamin, «reconhece a decisão localmente e temporalmente determinada como uma categoria metafísica» (*ibid.*, p. 189); mas a este reconhecimento corresponde apenas na realidade «a peculiar e desmoralizante experiência da indecidibilidade última de todos os problemas jurídicos [*die seltsame und zunächst entmudigende Erfahrung von der letzlichen Unentscheidbarkeit aller Rechtsprobleme*]» (*ibid.*, p. 196).

4.3 A doutrina da soberania que Schmitt desenvolve na sua *Politische Theologie* pode ser lida com uma resposta directa ao ensaio benjaminiano. Enquanto a estratégia de *Zür Kritik der Gewalt* era orientada para assegurar a existência de uma violência pura e anómica, para Schmitt trata-se, pelo contrário, de reconduzir uma tal violência a um contexto jurídico. O estado de excepção é o espaço no qual ele procura aprisionar a ideia benjaminiana de uma violência pura e inscrever a anomia no próprio corpo do *nomos*. Segundo Schmitt, não pode existir uma violência pura, isto é, totalmente fora do direito, porque, no estado de excepção, é integrada no direito através da própria exclusão. Ou seja, o estado de excepção é o dispositivo mediante o qual Schmitt replica à afirmação benjaminiana de uma acção humana integralmente anómica.

A relação entre os dois textos é, no entanto, ainda mais estreita. Vimos como em *Politische Theologie* Schmit abandona a distinção entre poder constituinte e poder constituído, que no livro de 1921 fundava a ditadura soberana, para a substituir pelo conceito de decisão. Esta substituição só adquire todo o seu sentido estratégico se se a considerar como uma resposta à crítica benjaminiana. A distinção entre violência que estabelece o direito e violência que o conserva – que era o alvo de Benjamin – corresponde à letra, com efeito, à oposição schmittiana; e é para neutralizar a nova figura de uma violência pura, subtraída à dialéctica entre poder constituinte e poder constituído, que Schmitt elabora a sua teoria da soberania. Em *Politische Theologie* a violência soberana responde à violência pura do ensaio benjaminiano com a figura de um poder que não estabelece nem conserva o direito mas o suspende. No mesmo sentido, é em resposta à ideia benjaminiana de uma indecidibilidade final de todos os problemas jurídicos que Schmitt afirma a soberania como lugar da decisão extrema. Que este lugar não seja nem exterior nem interior ao direito, que a soberania seja, neste sentido, um *Grenzbegriff*, é a consequência necessária da tentativa schmittiana de neutralizar a violência pura e de assegurar a relação entre a anomia e o contexto jurídico. E assim como a violência pura, segundo Benjamin, não pode ser reconhecida como tal através de uma decisão (*Entscheidung* [*ibid.*, p. 203]), assim também para Schmitt «não é possível determinar com clareza subsumível quando se dá um caso de necessidade nem se pode descrever do ponto de vista do conteúdo o que pode acontecer quando realmente se trata de um caso de necessidade e da sua remoção» (Schmitt, 1922, p. 12); mas, com uma inversão estratégica, esta impossibilidade funda justamente a necessidade da decisão soberana.

4.4 Se se aceitar estas premissas, então o debate exotérico entre Benjamin e Schmitt aparece a uma nova luz. A descrição benjaminiana do soberano barroco no *Trauerspielbuch* pode ser lida como uma réplica à teoria schmittiana da soberania. Sam Weber observou argutamente como, justamente quando chega a altura de citar a definição schmittiana da soberania, Benjamin lhe introduz uma «ligeira mas decisiva modificação» (Weber, 1992, p. 152). A concepção barroca da soberania, escreve ele, «desenvolve-se a partir de uma discussão do estado de excepção e atribui ao príncipe como sua mais importante função a de o excluir» (*den auszuschliessen* [Benjamin, 1928, p. 245]). A substituição de «decidir» por «excluir» altera sub-repticiamente a definição schmittiana no mesmo movimento em que pretende evocá-la: o soberano não deve, ao decidir sobre o estado de excepção, incluí-lo de uma maneira qualquer na ordem jurídica; deve, pelo contrário, excluí-lo, deixá-lo de fora dela.

O sentido desta substancial modificação só se esclarece nas páginas seguintes, através de uma verdadeira teoria da «indecisão soberana»; mas é aqui justamente que o entrelaçamento entre leitura e contraleitura mais se estreita. Se a decisão, para Schmitt, é o nexo que une soberania e estado de excepção, Benjamin, ironicamente, cinde o poder soberano do seu exercício e mostra que o soberano barroco está constitucionalmente impossibilitado de decidir. «A antítese entre o poder soberano [*Herrschermacht*] e a faculdade de o exercer [*Herrschvermögen*] conduziu, no drama barroco, a um carácter peculiar, só aparentemente genérico, que só é possível compreender com base na teoria da soberania. Trata-se da capacidade de decidir [*Entschlussfähigkeit*] do tirano. O príncipe, a quem pertence a decisão sobre o estado de excepção, mostra na primeira oportunidade que a decisão é para ele impossível» (*ibid.*, p. 250).

A cisão entre o poder soberano e o seu exercício corresponde exactamente à que existe entre normas de direito e normas de actuação do direito que, em *Die Diktatur*, fundamentava a ditadura comissária. Ao contra-argumento com o qual Schmitt, respondendo em *Politische Theologie* à crítica benjaminiana da dialéctica entre poder constituinte e poder constituído, tinha introduzido o conceito de decisão, Benjamin replica chamando à colação a distinção schmittiana entre a norma e a sua execução. O soberano, que deveria sempre decidir sobre a excepção, é precisamente o lugar em que a fractura que divide o corpo do direito se torna irreparável: entre *Macht* e *Vermögen*, entre o poder e o seu exercício, abre-se uma distância que nenhuma decisão está em condições de preencher. Por isso, com um passo mais, o paradigma do estado de excepção já não é, como em *Politische Theologie*, um milagre, mas uma catástrofe. «Em antítese ao ideal histórico da restauração [o barroco], contempla a ideia de catástrofe. E sobre esta antítese é cunhada a teoria do estado de excepção» (*ibid.*, p. 246).

Uma emenda infeliz no texto dos *Gesammelte Schriften* obstou a que se medissem todas as implicações desta mudança. Onde o texto benjaminiano rezava: *Es gibt eine barocke Eschatologie*, «há uma escatologia barroca», os editores, com singular ignorância de qualquer cautela filológica, corrigiram: *Es gibt keine...*, «não há uma escatologia barroca» (*ibid.*). No entanto, a continuação é lógica e sintaticamente coerente com a versão original: «E justamente por isto [há] um mecanismo que recolhe e exalta todas as criaturas terrenas, antes de as consignar à extinção [*dem Ende*]». O barroco conhece um *eschaton*, um fim dos tempos; mas, como Benjamin imediatamente precisa, este *eschaton* está vazio, não conhece redenção nem mais além e permanece imanente ao século: «O mais além vê-se esvaziado de tudo aquilo que ainda exala o mínimo alento mundano, e o barroco retira-lhe ainda uma quantidade de coisas, que até então se subtraíam a qualquer reconfiguração, para esvaziar um último céu e o colocar, enquanto vazio, em condições de, um dia, aniquilar em si a Terra com catastrófica violência» (*ibid.*).

É essa «escatologia branca» – que não conduz a Terra a um mais além redimido, mas a consigna a um céu absolutamente vazio – que configura o estado de excepção do barroco como catástrofe. E é ainda essa escatologia branca que rompe a correspondência entre soberania e transcendência, entre o monarca e Deus, que definia o teológico-político schmittiano. Enquanto neste «o soberano [...] é identificado com Deus e ocupa no Estado exactamente a mesma posição que corresponde no mundo ao deus do sistema cartesiano» (Schmitt, 1922, p. 260), em Benjamin o soberano «fica recluso no âmbito da criação, é senhor das criaturas mas permanece criatura» (Benjamin, 1928, p. 264).

Esta drástica redefinição da função soberana implica uma diferente situação do estado de excepção. Já não aparece como limiar que garante a articulação entre um dentro e um fora, entre a anomia e o contexto jurídico, em virtude de uma lei que vigora na sua suspensão: é antes uma zona de absoluta indeterminação entre anomia e direito, na qual a esfera das criaturas e a ordem jurídica se confundem numa mesma catástrofe.

4.5 O documento decisivo no dossier Benjamin-Schmitt é certamente a oitava tese sobre o conceito da história, composta por Benjamin poucos meses antes de morrer. «A tradição dos oprimidos – lemos ali – ensina-nos que o 'estado de emergência' em que vivemos é a regra. Devemos chegar a um conceito de história que corresponda a este facto. Enfrentaremos então, como nossa missão, a produção do estado de excepção efectivo [*wirklich*]; e isto melhorará a nossa posição na luta contra o fascismo» (Benjamin, 1942, p. 697).

Que o estado de excepção se tenha tornado regra não é um simples extremar daquilo que aparecia no *Trauerspielbuch* como a sua indecidibilidade. Não se pode esquecer aqui que tanto Benjamin como Schmitt estavam perante um Estado – o *Reich* nazi – no qual o estado de excepção, proclamado em 1933, nunca mais fora revogado. Na perspectiva do jurista, de facto, a Alemanha encontrava-se tecnicamente numa situação de ditadura soberana, que devia levar à definitiva abolição da Constituição de Weimar e à instauração de uma nova constituição, cujas características fundamentais Schmitt se esforça por definir numa série de artigos entre 1935 e 1936. Mas o que Schmitt não podia aceitar era que o estado de excepção se confundisse integralmente com a regra. Já em *Die Diktatur* dissera que é impossível definir um conceito correcto de ditadura se toda ordem legal for vista «só como ditadura latente ou intermitente» (Schmitt, 1921, p. XIV). É certo que *Politische Theologie* reconhecia sem reservas o primado da excepção, na medida em que torna possível a constituição da esfera normal; mas se a regra, neste sentido, «vive apenas da excepção» (Schmitt, 1922, p. 22), o que acontece quando excepção e regra se tornam indecidíveis?

Na perspectiva de Schmitt, o funcionamento da ordem jurídica repousa em última instância sobre um dispositivo – o estado de excepção – que tem a finalidade de tornar aplicável a norma suspendendo temporariamente a sua eficácia. Quando a excepção se torna regra, a máquina deixa de poder funcionar. Neste sentido, a indecidibilidade de norma e excepção formulada na oitava tese põe em cheque a teoria schmittiana. A decisão soberana já não está em condições de cumprir a missão que *Politische Theologie* lhe cometia: a regra, que coincide agora com aquilo de que vive, devora-se a si própria. Mas esta confusão entre excepção e regra era justamente aquilo que o III *Reich* tinha concretamente realizado e a obstinação com que Hitler prosseguiu a organização do seu «Estado dual» sem promulgar uma nova constituição é a prova disso (neste sentido, a tentativa de Schmitt de definir a nova relação material entre *Führer* e povo no *Reich* nazi estava votada ao insucesso).

É nesta perspectiva que se deve ler na oitava tese a distinção benjaminiana entre estado de excepção efectivo e estado de excepção *tout court*. A distinção já existia, como vimos, no tratamento schmittiano da ditadura. Schmitt tomava o termo de empréstimo do livro de Theodor Reinach *De l'état de siège*; mas enquanto Reinach, em relação ao decreto napoleónico de 24 de Dezembro de 1811, opunha um *estado de sítio efectivo* (ou militar) a um *estado de sítio fictício* (ou político), Schmitt, na sua pertinaz crítica do Estado de direito, chama «fictício» a um estado de excepção que pretende regular-se por leis, a fim de garantir nalguma medida os direitos e liberdades individuais. Por conseguinte, denuncia vigorosamente a incapacidade dos juristas de Weimar para distinguirem entre a acção meramente factual do Presidente do *Reich* ao abrigo do artigo 48.º e um procedimento regulado por lei.

Benjamin reformula mais uma vez a oposição para a voltar contra Schmitt. Caída por terra qualquer possibilidade de um estado de excepção fictício, no qual excepção e caso normal são temporalmente e localmente distintos, o que é agora efectivo é o estado de excepção «em que vivemos» e que é absolutamente indecidível em relação à regra. Qualquer ficção de um nexo entre violência e direito está a mais: não há senão uma zona de anomia, na qual age uma violência sem qualquer roupagem jurídica. A tentativa do poder estatal de anexar a anomia através do estado de excepção é desmascarada por Benjamin como aquilo que é: uma *fictio juris* por excelência, que pretende manter o direito na sua própria suspensão como força-de-lei. Em seu lugar, substituem-se-lhe agora guerra civil e violência revolucionária, ou seja, uma acção humana que pôs de parte qualquer relação com o direito.

4.6 O que está em jogo no debate entre Benjamin e Schmitt sobre o estado de excepção pode agora ser definido com mais clareza. A disputa dá-se numa mesma zona de anomia que, por um lado, deve ser mantido a todo o custo em relação com o direito, e, por outro, deve igualmente estar desligada e liberta desta relação. Ou seja, o que está em causa na zona anómica é a relação entre violência e direito – em última análise, o estatuto da violência como código da acção humana. À posição de Schmitt, que tenta em todas as ocasiões reinscrever a violência num contexto jurídico, Benjamin responde procurando sempre assegurar a esta – como violência pura – uma existência exterior ao direito.

Por razões que deveremos procurar esclarecer, esta luta pela anomia parece ser, para a política ocidental, tão decisiva como aquela *gigantomachia peri te ousias*, aquele combate de gigantes em torno do ser que define a metafísica ocidental. Ao puro ser, à pura existência como última parada metafísica, corresponde aqui a violência pura como objecto político extremo, como «coisa» da política; à estratégia onto-teo-lógica, voltada para capturar o ser puro nas malhas do *logos*, corresponde a estratégia da excepção, que deve assegurar a relação entre violência anómica e direito.

Tudo se passa, assim, como se tanto o direito como o *logos* tivessem necessidade de uma zona anómica (ou alógica) de suspensão para poderem fundar a sua referência ao mundo da vida. O direito parece só poder subsistir mediante a captura da anomia, assim como a linguagem só pode subsistir mediante a compreensão do não linguístico. Em ambos os casos, o conflito parece girar em torno de um espaço vazio: anomia, *vacuum* jurídico, por um lado, ser puro, vazio de qualquer determinação e de qualquer predicado real, por outro. Para o direito, este espaço vazio é o estado de excepção como dimensão constitutiva. A relação entre norma e realidade implica a suspensão da norma, assim como na ontologia a relação entre linguagem e mundo implica a suspensão da denominação sob a forma de uma *langue*. Mas igualmente essencial para a ordem jurídica é que esta zona – onde se situa uma acção humana sem relação com a norma – coincide com uma figura extrema e espectral do direito, na qual este se cinde numa pura vigência sem aplicação e uma pura aplicação sem vigência: a força-de-*lei*.

Se isto for verdade, a estrutura do estado de excepção é ainda mais complexa do que quanto até aqui entrevimos e a posição de cada uma das duas partes que nele e por ele se digladiam está ainda mais estreitamente entrelaçada com a da outra. E como num encontro, a vitória de um dos dois jogadores não é, em relação ao jogo, uma espécie de estado original a restaurar mas apenas o que está em jogo, que não lhe preexiste mas dele resulta; assim, a violência pura – que é o nome que Benjamin dá à acção humana que não estabelece nem conserva o direito – não é uma figura originária do agir humano que, em dado ponto, seja aprisionada e inscrita na ordem jurídica (assim como, para o homem falante, não há uma realidade pré-linguística, que em dado momento caia na linguagem). É, antes, apenas o que está em jogo no conflito sobre o estado de excepção, aquilo que resulta dele e só deste modo é pre-suposto do direito.

4.7 Tanto mais importante, pois, é entender correctamente o significado da expressão *reine Gewalt*, violência pura, como termo técnico essencial do ensaio benjaminiano. Que significa «pura» aqui? Em Janeiro de 1919, ou seja, cerca de um ano antes de ter escrito este ensaio, Benjamin, numa carta a Ernst Schoen, que retoma e desenvolve motivos já elaborados num artigo sobre Stifter, define com cuidado o que entende por «pureza» (*Reinheit*): «É um erro pressupôr uma pureza que exista em si própria seja onde for e que deva ser preservada [...] A pureza de um ser *nunca* é absoluta e incondicional, é sempre subordinada a uma condição. Esta condição varia conforme o ser de cuja pureza se trata; mas *nunca* reside no próprio ser. Por outras palavras, a pureza de qualquer ser (finito) nunca depende desse próprio scr [...] Para a natureza, a condição da sua pureza que está fora dela é a linguagem humana» (Benjamin, 1966, p. 205 ss.).

Esta concepção não substancial mas relacional da pureza é tão essencial para Benjamin que ainda no ensaio de 1931 sobre Kraus ele pode escrever que «na origem da criatura não está a pureza [*Reinheit*] mas sim a purificação [*Reinigung*]» (Benjamin, 1931, p. 365). Isto significa que a pureza que está em causa no ensaio de 1921 não é uma característica substancial que pertença à acção violenta em si mesma – que, por outras palavras, a diferença entre violência pura e violência mítico-jurídica não reside na violência em si mas na sua relação com alguma coisa de exterior. O que quer que seja esta condição exterior é enunciado com firmeza no início do ensaio: «A missão de uma crítica da violência pode ser definida como a exposição da sua relação com o direito e com a justiça». Também o critério da «pureza» da violência residirá, portanto, na sua relação com o direito (de facto, neste ensaio, o tema da justiça é tratado só em relação aos fins do direito).

A tese de Benjamin é a de que, enquanto a violência mítico-jurídica é sempre um meio em relação a um fim, a violência pura nunca é simplesmente meio – legítimo ou ilegítimo – em relação a um fim (justo ou injusto). A crítica da violência não avalia a violência em função dos fins que persegue como meio mas procura o seu critério «numa distinção na própria esfera dos meios, sem levar em conta os fins que perseguem» (Benjamin, 1921, p. 179).

Aparece aqui o tema – que no texto lampeja apenas por um instante, suficiente no entanto para iluminar todo o escrito – da violência como «meio puro», isto é como figura de uma paradoxal «mediaticidade sem fins»: ou seja, um meio que, embora se mantenha como tal, é considerado independentemente dos fins que persegue. O problema não é então o de identificar fins justos, antes o de «individualizar uma violência de um outro género, que, é certo, não poderia ser meio legítimo ou ilegitimo para aqueles fins, mas que não se lhes refira em geral como meio mas de qualquer outra maneira» [*nicht als Mittel zu Ihnen, vielmehr irgendwie anders sich verhalten wirde*]» (*ibid.*, p. 196).

Qual pode ser este outro modo da relação com um fim? Convirá aplicar também ao conceito de meio «puro» as considerações que acabamos de desenvolver sobre o significado que este termo tem em Benjamin. O meio não deve a sua pureza a uma qualquer qualidade específica intrínseca, que o diferencia dos meios jurídicos, mas à sua relação com estes. Assim como no ensaio sobre a língua é pura aquela língua que não é instrumento do fim da comunicação mas se comunica imediatamente a si própria, isto é, uma comunicabilidade pura e simples, também é pura aquela violência que não se encontra em situação de meio em relação a um fim mas se encontra em relação com a sua própria mediaticidade. E assim como a língua pura não é uma outra língua, não tem um outro lugar em relação às línguas comunicantes naturais mas se mostra nelas, expondo-as como tais, da mesma maneira a violência pura se posta apenas como exposição e deposição da relação entre violência e direito. É o que Benjamin sugere logo a seguir, evocando o tema da violência que, na cólera, já não é meio mas apenas manifestação (*Manifestation*). Enquanto a violência que é meio para a posição do direito nunca depõe a sua relação com este e alicerça o direito como poder (*Macht*), que permanece «intimamente e necessariamente ligado a ela» (*ibid.*, p. 198), a violência pura expõe e cinde o nexo entre direito e violência e pode assim aparecer no fim não como violência que governa ou executa (*die schaltende*) mas como violência que puramente age e se manifesta (*die waltende*). E se, desta maneira, a implicação entre violência pura e violência jurídica, entre estado de excepção e violência revolucionária, se faz tão estreita que os dois jogadores que se enfrentam sobre o tabuleiro de xadrez da história parecem mover uma mesma peça, umas vezes força-de-lei, outras meio puro, é no entanto decisivo que o critério da sua distinção assente em qualquer caso na dissolução da relação entre violência e direito.

4.8. É nesta perspectiva que se devem ler tanto a afirmação, na carta a Sholem de 11 de Agosto de 1934, de que «uma escritura sem a sua chave não é escritura, mas sim vida» (Benjamin, 1966, p. 618), como a que contém o ensaio sobre Kafka segundo a qual «o direito que já não é praticado e apenas estudado é a porta da justiça» (Benjamin, 1934, p. 437). A escritura (a Torá) sem a sua chave corresponde à lei no estado de excepção, que Sholem, sem suspeitar sequer de que partilhava esta tese com Schmitt, considera ainda ser lei, que vigora mas não se aplica ou se aplica sem vigorar. Esta lei – ou, melhor, esta força-de-lei – já não é, segundo Benjamin, lei, mas vida, vida que, no romance de Kafka, «é vivida na aldeia aos pés do monte onde se ergue o castelo» (*ibid.*). O que caracteriza Kafka não é ter mantido, como considera Scholem, uma lei já sem significado, mas o ter mostrado que ela deixa de ser lei para se indiferenciar em todos os aspectos da vida.

Ao desmascarar da violência mítico-jurídica pela violência pura corresponde no ensaio sobre Kafka, como uma espécie de resto, a imagem enigmática de um direito que já não é praticado mas apenas estudado. Há, portanto, ainda uma figura possível do direito depois da abdicação do seu nexo com a violência e o poder; mas trata-se de um direito já sem força nem aplicação, como aquele em cujo estudo mergulha o «novo advogado» folheando «os nossos velhos códigos»; ou como aquele que Foucault pode ter tido em mente quando falava de um «novo direito», emancipado de qualquer disciplina e de qualquer relação com a soberania.

Que sentido pode ter um direito que sobrevive dessa maneira à sua destituição? A dificuldade com que Benjamin se depara aqui corresponde a um problema que se pode formular – e já foi efectivamente formulado uma primeira vez no cristianismo primitivo e uma segunda na tradição marxiana – nestes termos: que acontece à lei depois da sua realização messiânica? (É a controvérsia que opõe S. Paulo aos judeus do seu tempo). E que acontece ao direito na sociedade sem classes? (É exactamente o debate entre Vysinski e Pasukanis). É a esta pergunta que Benjamin pretende responder com a sua leitura do «novo advogado». Não se trata obviamente de uma fase de transição que nunca chega ao fim a que deveria conduzir, nem muito menos de um processo de desconstrução infinita que, mantendo o direito numa vida espectral, já não consegue dar conta dele. O que é decisivo aqui é que o direito – já não praticado mas estudado – não é a justiça mas apenas a porta que leva a ela. Aquilo que abre caminho para a justiça não é a anulação do direito mas a sua desactivação e a sua inoperância – ou seja, um outro uso dele. Precisamente o que pretende impedir a força-de-lei, que mantém o direito em funcionamento para além da sua suspensão formal. Os personagens de Kafka – e essa é a razão por que nos interessam – têm a ver com esta figura espectral do direito no estado de excepção, procuram, cada qual segundo a respectiva estratégia, «estudá-la» e desactivá-la, «brincar» com ela.

Um dia a humanidade brincará com o direito, como as crianças brincam com objectos fora de uso, não para os restituir ao seu uso canónico mas para os libertar definitivamente dele. O que se encontra depois do direito não é um valor de uso mais apropriado e originário, anterior ao direito, mas um novo uso, que só nasce depois disso. Também o uso que foi contaminado pelo direito deve ser libertado do seu valor. Esta libertação é o objectivo do estudo, ou do jogo. E este jogo estudioso é a senda que permite aceder àquela justiça que um fragmento póstumo de Benjamin define como um estado do mundo em que aparece como um bem absolutamente inapropriável e injuridificável (Benjamin, 1992, p. 41).

5

Festa, luto, anomia

5.1 Os romanistas e os historiadores do direito não conseguiram até agora encontrar uma explicação satisfatória para a singular evolução semântica que leva o termo *iustitium* – designação técnica do estado de excepção – a adquirir o significado de luto público pela morte do soberano ou de um seu parente próximo. Com o fim da República, na verdade, o *iustitium* como suspensão da lei para fazer frente a um tumulto deixa de existir e o novo significado substitui-se tão perfeitamente ao antigo que até a memória desta austera instituição parece desaparecer de todo. No fim do século IV d.C., o gramático Charisius podia assim identificar pura e simplesmente *iustitium* e *luctus publicus*. E é significativo que, depois do debate suscitado pelas monografias de Nissen e Middel, os estudiosos modernos tenham deixado de atender ao problema do *iustitium* estado de excepção para se concentrarem unicamente no *iustitium* luto público ("le débat […] fut assez vif, mais bientôt personne n'y pense plus»([4])

([4]) «O debate […) foi bastante vivo mas pouco tempo depois já ninguém se lembrava dele.» (*N. T.*)

pode escrever William Seston, evocando ironicamente o antigo significado, no seu estudo sobre o funeral de Germânico [Seston, 1962, ed. 1980, p. 155]). Mas de que maneira pode um termo de direito público, que designava a suspensão do direito na situação da mais extrema necessidade pública, assumir o significado mais anódino de cerimónia fúnebre para um luto familiar?

Num amplo estudo publicado em 1980, Versnel procurou responder a esta pergunta aduzindo uma analogia entre a fenomenologia do luto – tal como é documentada nas mais diversas áreas pelos materiais antropológicos – e os períodos de crise política, em que regras e instituições sociais parecem inesperadamente dissolver-se. Assim como nos períodos de anomia e de crise se assiste a um colapso das estruturas sociais normais e a um desequilíbrio dos papéis e das funções sociais que pode chegar até à completa inversão dos costumes e dos comportamentos culturalmente condicionados, assim também os períodos de luto se caracterizam habitualmente por uma suspensão e uma alteração de todas as relações sociais. «Quem quer que defina os períodos de crise [...] como uma temporária substituição da ordem pela desordem, da cultura pela natureza, do *cosmos* pelo *chaos*, da eunomia pela anomia, define implicitamente os períodos de luto e as suas manifestações» (Versnel, 1980, p. 583). Segundo Versnel, que repete aqui as análises de sociólogos americanos como Berger e Luckman, «todas as sociedades foram edificadas frente ao *chaos*. A constante possibilidade do terror anómico é actualizada todas as vezes que as legitimações que revestem a precaridade se desmoronam ou são ameaçadas» (*ibid.*).

Não só aqui – com uma evidente petição de princípio – a evolução do *iustitium* de estado de excepção a luto público é explicada por meio da semelhança entre as manifestações de luto e as da anomia, mas a razão última desta semelhança é depois procurada na ideia de «terror anómico», que caracterizaria a sociedade humana no seu conjunto. Este conceito, que é tão inadequado para dar conta da especificidade do fenómeno quanto o *tremendum* e o *numinosum* da teologia marburguesa para orientar uma correcta compreensão do divino, remete, em última análise, para as esferas mais obscuras da psicologia: «Os efeitos do luto no seu conjunto (especialmente se se trata de um rei ou um chefe) e a fenomenologia das festividades cíclicas de transição [...] correspondem perfeitamente à definição da anomia [...]. Em todos os casos assistimos a uma transformação temporária do humano em não--humano, do cultural em natural (visto como sua correspondência negativa), do *cosmos* em *chaos* e da eunomia em anomia [...]. Os sentimentos de dor e de desorientação e a sua expressão individual e colectiva não se restringem a uma cultura particular ou a um determinado modelo cultural. Ao que parece são traços intrínsecos da humanidade e da condição humana, que encontram expressão sobretudo nas situações marginais ou limite. Inclinar-me-ei portanto a concordar com V. W. Turner, o qual, falando de «acontecimentos inaturais, ou melhor, anticulturais ou anti--estruturais», sugeriu que «é provável que Freud ou Jung, cada qual à sua maneira, tenham muito a dizer para uma compreensão destes aspectos não lógicos, não racionais (mas não irracionais) das situações-limite» (*ibid.*, p. 605).

א Nesta neutralização da especificidade jurídica do *iustitium* através da sua acrítica redução psicologista, Versnel fora precedido por Durkheim, que, na sua monografia sobre *Le suicide* (1897), introduzira o conceito de anomia nas ciências humanas. Ao definir, a par de outras formas de suicídio, o «suicídio anómico», Durkheim estabelecera uma correlação entre a diminuição da acção reguladora da sociedade sobre os indivíduos e o aumento da taxa de suicídios. Isto equivalia a postular, como ele faz sem fornecer qualquer explicação, uma necessidade dos seres humanos de serem regulados nas suas actividades e nas suas paixões: «É característico do homem estar sujeito a um freio não físico, mas moral, ou seja social [...]. No entanto, quando a sociedade é abalada, seja por uma crise dolorosa, seja por transformações afortunadas mas por demais inesperadas, fica momentaneamente incapaz de exercer esta acção. Daí a brusca subida da curva dos suicídios que apurámos [...] A anomia é, assim, nas sociedades modernas, um factor regular e específico de suicídio» (Durkheim, 1897, pp. 265-70).

Deste modo, não só a equação entre anomia e angústia é dada como adquirida (conquanto, como veremos, os materiais etnológicos e folclóricos pareçam mostrar o contrário), como é antecipadamente neutralizada a possibilidade de que a anomia tenha com o direito e com a ordem social uma relação mais íntima e complexa.

5.2 Igualmente insuficientes são as conclusões do estudo publicado alguns anos depois por Seston. O autor parece dar-se conta do possível significado político do *iustitium*-luto público na medida em que põe em cena e dramatiza o funeral do príncipe como estado de excepção: «Nos funerais imperiais sobrevive a recordação de uma mobilização [...]. Enquadrando os ritos fúnebres numa espécie de mobilização geral, suspendendo os assuntos civis e a vida política normal, a proclamação do *iustitium* tendia a transformar a morte de um homem numa catástrofe nacional, num drama em que toda a gente, quer quisesse quer não, estava implicada» (Seston, 1962, pp. 171 ss.).

Esta intuição, no entanto, não tem sequência e o nexo entre as duas formas de *iustitium* é justificado pressupondo uma vez mais aquilo que era preciso explicar, ou seja através de um elemento lutuoso que estaria implícito no *iustitium* desde o princípio (*ibid.*, p. 156).

Na sua monografia sobre Augusto, Augusto Fraschetti teve o mérito de sublinhar o significado político do luto público, mostrando que os laços entre os dois aspectos do *iustitium* não residem num pretenso carácter lutuoso da situação extrema ou da anomia mas no tumulto a que pode dar lugar o funeral do soberano. Fraschetti atribui a sua origem às violentas desordens que tinham acompanhado os funerais do César, significativamente denominados «funerais sediciosos» (Fraschetti, 1990, p. 57). Assim como, na era republicana, o *iustitium* era a resposta natural ao tumulto, assim também «através de uma estratégia similar, em que os lutos da *domus Augusta* são assimilados a catástrofes cívicas, se explica a equiparação do *iustitium* ao luto público [...]. O resultado é que os *bona* e *mala* de uma só família passam a ser pertença da *res publica*» (*ibid.*, p. 120). Fraschetti não tem dificuldade em mostrar como, coerentemente com esta estratégia, a partir da morte do neto Marcelo, qualquer abertura do mausoléu de família devia implicar para Augusto a proclamação de um *iustitium*.

É certamente possível não ver no *iustitium*-luto público mais do que a tentativa do príncipe de apropriar-se do estado de excepção, transformando-o num assunto de família. Mas a conexão é ainda mais íntima e complexa.

Tome-se a célebre descrição, em Suetónio, da morte de Augusto em Nola a 19 de Agosto do ano 14 d. C. O velho príncipe, rodeado de amigos e cortesãos, pede um espelho e, depois de fazer que lhe penteiem os cabelos e lhe disfarcem as bochechas já flácidas, parece unicamente preocupado em saber se representou bem o *minus vitae*, a farsa da sua vida. E, no entanto, a par desta insistente metáfora teatral, ele continua obstinadamente e quase petulantemente a perguntar (*identidem exquirens*), com aquilo que não é apenas uma metáfora política, *an iam de se tumultus foris fuisset*, se não há tumultos lá fora por sua causa. A correspondência entre anomia e luto só se torna compreensível à luz da que existe entre morte do soberano e estado de excepção. O nexo original entre *tumultus* e *iustitium* está ainda presente, mas o tumulto coincide agora com a morte do soberano, enquanto a suspensão do direito é integrada na cerimónia fúnebre. É como se o soberano, que tinha englobado na sua pessoa «augusta» todos os poderes excepcionais, da *tribunicia potestas perpetua* ao *imperium proconsolare maius et infinitum* e se tinha convertido por assim dizer num *iustitium* vivo, mostrasse no momento da morte o seu íntimo carácter anómico e visse tumulto e anomia libertarem-se para fora de si na cidade. Como Nissen intuíra numa fórmula lapidar (que é talvez a fonte da tese benjaminiana segundo a qual o estado de excepção se tornou regra), «as medidas excepcionais desapareceram porque se tinham tornado a regra» (Nissen, 1877, p. 140). A novidade constitucional do principado pode então ser vista como uma incorporação do estado de excepção e da anomia directamente na pessoa do soberano, que começa a desligar-se de qualquer subordinação ao direito para se afirmar como *legibus solutus*.

5.3 Esta natureza intimamente anómica da nova figura do poder supremo aparece com clareza na teoria do soberano como «lei viva» (*nomos empsychos*), que é elaborada na área neopitagórica nos mesmos anos em que vemos afirmar-se o principado. A fórmula *basileus nomos empsychos* encontra-se enunciada no tratado de Diotógenes sobre a soberania, que foi conservado em parte por Estobeu e cuja relevância para a origem da moderna teoria da soberania não deve ser subestimada. A consabida miopia filológica impediu o editor moderno do tratado de discernir a óbvia conexão lógica entre esta fórmula e o carácter anómico do soberano, embora ela fosse afirmada sem reservas no texto. O passo em questão – em parte corrompido e, todavia, perfeitamente consequente – articula-se em três pontos: 1) «O rei é o mais justo [*dikaioatos*] e o mais justo é o mais legal [*nominotatos*]». 2) «Sem justiça ninguém pode ser rei, mas a justiça não tem lei [*aneu nomou dikaiosyne*: a inserção da negação antes de *dikaiosyne*, proposta por Delatte, é totalmente injustificada filologicamente]». 3) «O justo é legítimo e o soberano, tornado causa do justo, é uma lei viva» (Delatte L., 1942, p. 37).

Que o soberano seja uma lei viva só pode significar que ele não é obrigado por ela, que a vida da lei coincide nele com uma completa anomia. Diotógenes explica-o pouco depois com inequívoca clareza: «Visto que o rei tem um poder irresponsável [*arkan anypeuthynon*] e é ele próprio uma lei viva, assemelha-se a um deus entre os homens» (*ibid.*, p. 39). E, no entanto, justamente na medida em que se identifica com a lei, mantém-se em relação com ela e coloca-se mesmo como fundamento anómico da ordem jurídica. Isto é, a identificação entre soberano e lei representa a primeira tentativa de afirmar a anomia do soberano e, ao mesmo tempo, a sua ligação essencial com a ordem jurídica. O *nomos empsychos* é a forma originária do nexo que o estado de excepção estabelece entre um fora e um dentro da lei e, neste sentido, constitui o arquétipo da teoria moderna da soberania.

A correspondência entre *iustitium* e luto mostra aqui o seu verdadeiro significado. Se o soberano é um *nomos* vivo, se, por isso, anomia e *nomos* coincidem na sua pessoa sem resíduos, então a anarquia (que à sua morte – ou seja, quando o nexo que a une à lei é cortado – ameaça libertar-se na cidade) deve ser ritualizada e controlada, transformando o estado de excepção em luto público e o luto em *iustitium*. À indecidibilidade de *nomos* e anomia no corpo vivo do soberano corresponde na cidade a indecidibilidade entre estado de excepção e luto público. Antes de assumir a forma moderna de uma decisão sobre a emergência, a relação entre soberania e estado de excepção apresenta-se sob a forma de uma identidade entre soberano e anomia. O soberano, na medida em que é uma lei viva, é profundamente *anomos*. Também aqui o estado de excepção é a vida – secreta e mais verdadeira – da lei.

א A tese «o soberano é uma lei viva» tinha encontrado a sua primeira formulação no tratado do Pseudo-Arquita *Sobre a Lei e a Justiça*, que foi conservado por Estobeu juntamente com o tratado de Diotógenes sobre a soberania. Seja mais ou menos certa a hipótese de Gruppe, segundo o qual estes tratados teriam sido compostos por um judeu alexandrino no século I da nossa era, o certo é que estamos perante um conjunto de textos que, a coberto de categorias platónicas e pitagóricas, procuram fundar uma concepção da soberania totalmente desligada das leis e, no entanto, ela própria fonte de legitimidade. No texto do Pseudo-Arquita isto exprime-se na distinção entre o soberano (*basileus*), que é a lei, e o magistrado (*archon*), que se limita a observá-la. A identificação entre lei e soberano tem como consequência a cisão da lei numa lei «viva» (*nomos empsychos*) hierarquicamente superior e numa lei escrita (*gramma*) que lhe está subordinada: «Digo que qualquer comunidade se compõe

de um *archon* (o magistrado que manda), de um comandado e, em terceiro lugar, das leis. Destas, a lei vivente é o soberano (*ho men empsychos ho basileus*), a inanimada é a letra da lei (*gramma*). Sendo a lei o elemento primacial, o rei é legal, o magistrado conforme (à lei), o comandado é livre e toda a cidade feliz; mas se há desvios, o soberano é tirânico, o magistrado não é conforme à lei e a comunidade é infeliz» (Delatte A., 1922, p. 84).
Numa estratégia complexa, que não deixa de ter analogias com a crítica paulina do *nomos* hebraico (a proximidade é mesmo por vezes textual: Rm 3, 21: *choris nomou dikaiosyne*; Diotógenes: *aneu nomou dikaiosyne*; e no Pseudo-Arquita a lei é designada por «letra» – *gramma* – exactamente como em Paulo), são introduzidos na *polis* elementos anómicos através da pessoa do soberano, sem aparentemente ferirem o primado do *nomos* (o soberano é, de facto, «lei viva»).

5.4 A secreta solidariedade entre a anomia e o direito manifesta-se num outro fenómeno, que representa uma figura simétrica e, de certo modo, inversa em relação ao *iustitium* imperial. Folcloristas e antropólogos há muito que estão familiarizados com as festas periódicas – como as Antestérias e as Saturnálias do mundo clássico e o *charivari* e os carnavais do mundo medieval e moderno – que se caracterizam pela licença desenfreada e pela suspensão e inversão das hierarquias jurídicas e sociais normais. Durante estas festas, que se encontram, com traços semelhantes, em diversas épocas e culturas, os homens mascaram-se e comportam-se como animais, os patrões servem os escravos, varões e mulheres trocam de papéis e comportamentos delituosos são considerados lícitos ou, pelo menos, não puníveis. Ou seja, inauguram um período de anomia, que desfaz e temporariamente subverte a ordem social. Desde sempre que os estudiosos têm dificuldade em explicar estas súbitas explosões anómalas no seio de sociedades bem ordenadas e, sobretudo, a sua tolerância por parte das autoridades tanto religiosas como civis. Contra a interpretação que as reconduzia aos ciclos agrícolas ligados ao calendário solar (Mannhardt, Frazer) ou a uma função periódica de purificação (Westermarck), Karl Meuli, com uma intuição genial, relacionou antes as festas anómalas com o estado de suspensão da lei que caracteriza algumas figuras jurídicas arcaicas, como a *Friedlosigkeit* germânica ou a perseguição do *vargus* no antigo direito inglês. Numa série de estudos exemplares, ele mostrou como as desordens e as violências minuciosamente elencadas nas descrições medievais do *charivari* e de outros fenómenos anómalos reproduzem fielmente as várias fases em que se articulava o ritual cruel através do qual o *Friedlos* e o bandido eram expulsos da comunidade, as suas casas destelhadas e destruídas, os poços envenenados ou tornados salobros. As arlequinadas descritas no inaudito *chalivali* do *Roman de Fauvel* (*Li un montret son cul au vent,/Li autre rompet un auvent, L'un cassoit fenestres et huis,/L'autre getoi le sel ou puis,/L'un geroit le brun aux visages/Trop estoient lès et sauvages*) deixam de parecer um pandemónio inocente e encontram uma atrás da outra a sua comparação e o seu contexto próprio na *Lex Baiuvariorum* ou nos estatutos penais das cidades medievais. O mesmo se pode dizer dos desacatos cometidos nas festas de máscaras e nos peditórios infantis em que as crianças puniam quem se furtava à obrigação de dar esmola com violências das quais o Halloween apenas conserva a lembrança. «*Charivari* é uma das múltiplas designações, diferentes consoante os lugares e os países, para um acto de justiça popular antigo e amplamente difundido, que se manifestava em formas semelhantes se não iguais. Tais formas também são usadas nas suas punições rituais pelas mascaradas cíclicas e por aquelas suas últimas ramificações que são os tradicionais peditórios das crianças. Podemos então sem mais servirmo-nos delas para a interpretação dos fenómenos de tipo *charivari*. Uma análise mais atenta mostra que aquilo que à primeira vista pareciam desacatos alarves e ruidosos são na realidade costumes tradicionais e formas jurídicas, através das quais desde tempos imemoriais eram executados o banimento e a proscrição» (Meuli, 1975, p. 473).

Se a hipótese de Meuli está correcta, a «anarquia legal» das festas anómicas não remete para antigos ritos agrários que em si nada explicam, mas traz à luz de forma paródica a anomia interior ao direito, o estado de emergência como pulsão anómica contida no próprio coração do *nomos*.

Ou seja, as festas anómicas apontam para uma zona na qual a máxima sujeição da vida ao direito se transforma em liberdade e licença e a anomia mais desenfreada mostra a sua paródica conexão com o *nomos*: por outras palavras, o estado de excepção efectivo como limiar de indiferença entre anomia e direito. Na exposição do carácter lutuoso de toda a festa e do carácter festivo de todo o luto, direito e anomia mostram a sua distância e, ao mesmo tempo, a sua secreta solidariedade. É como se o universo do direito – e, mais em geral, o âmbito da acção humana enquanto tem a ver com o direito – se apresentasse em última instância como um campo de forças percorrido por duas tensões conjugadas e opostas: uma que vai da norma à anomia e outra que conduz da anomia à lei e à regra. Daí um duplo paradigma, que marca o campo do direito com uma ambiguidade essencial: por um lado, uma tendência normativa em sentido estrito, que visa cristalizar-se num sistema rígido de normas, cuja conexão com a vida é, no entanto, problemática, se não impossível (o estado perfeito do direito, em que tudo é regulado por normas); por outro, uma tendência anómica que desemboca no estado de excepção ou na ideia do soberano como lei viva, em que uma força-de-lei carente de norma age como pura inclusão da vida.

As festas anómicas dramatizam esta irredutível ambiguidade dos sistemas jurídicos e mostram, ao mesmo tempo, que o que está em jogo na dialéctica entre estas duas forças é a própria relação entre o direito e a vida. Celebram e reproduzem parodicamente a anomia através da qual a lei apenas se aplica ao caos e à vida na condição de se fazer a si própria, no estado de excepção, vida e caos vivo. E é talvez chegado o momento de tentar compreender melhor a ficção constitucional que, unindo anomia, lei e estado de excepção, assegura também a relação entre o direito e a vida.

6

Auctoritas e *potestas*

6.1 Na nossa análise do estado de excepção em Roma faltou-nos perguntar em que se fundava o poder do senado para suspender o direito por meio do *senatus consultum ultimum* e a consequente proclamação do *iustitium*. Fosse quem fosse o sujeito habilitado a declarar o *iustitium*, o certo é que em qualquer caso era declarado *ex auctoritate patrum*. É sabido que o termo que em Roma designava a prerrogativa mais característica do senado não era, com efeito, nem *imperium*, nem *potestas*, mas sim *auctoritas*: *auctoritas patrum* é o sintagma que define a função específica do senado na constituição romana.

Com esta categoria da *auctoritas* – em particular na sua contraposição à *potestas* – encontramo-nos perante um fenómeno cuja definição, tanto na história do direito como, mais em geral, na filosofia e na teoria política, parece esbarrar em obstáculos e aporias quase inultrapassáveis. «É particularmente difícil – escrevia em princípios dos anos cinquenta um historiador francês do direito romano – reduzir os vários aspectos jurídicos da noção de *auctoritas* a um conceito unitário» (Magdelain,

1990, p. 685) e, em fins da mesma década, Hannah Arendt podia abrir o seu ensaio «O que é a autoridade?» observando que esta se tinha a tal ponto «desvanecido no mundo moderno» que, na ausência de uma qualquer «autêntica e indiscutível» experiência da coisa, «o próprio termo foi completamente obscurecido por controvérsias e confusões (Arendt, 1961, p. 91). «Não há talvez melhor contraprova destas confusões – e das ambiguidades que implicam – do que o facto de que Arendt empreendesse a sua reavaliação da autoridade poucos anos apenas depois de Adorno e Else Frenkel-Brunswick terem conduzido o seu ataque frontal contra «a personalidade autoritária». Por outro lado, denunciando veementemente «a identificação liberal de autoridade com tirania» (*ibid.*, p. 97). Arendt não se dava conta provavelmente de que partilhava esta denúncia com um autor que lhe era com certeza antipático.

Em 1911, num opúsculo cujo significativo título era *Der Hüter der Verfassung* (o guardião da constituição), Carl Schmitt procurara, com efeito, definir o poder neutral do presidente do *Reich* no estado de excepção contrapondo dialecticamente *auctoritas* e *potestas*. Com palavras que antecipam a argumentação de Arendt, depois de ter recordado que Bodin ou Hobbes ainda tinham estado em condições de apreciar o significado da distinção, lamentava em contrapartida «a falta de tradição da moderna teoria do Estado, que opõe autoridade e liberdade, autoridade e democracia, até confundir autoridade com ditadura» (Schmitt, 1931, p. 137). Já em 1928, no seu tratado de direito constitucional, embora sem definir essa oposição, Schmitt evocava a sua «grande importância na doutrina geral do Estado» e remetia ao direito romano para a sua determinação ("o senado tinha a *auctoritas*, do povo se fazem descender, por outro lado, a *potestas* e o *imperium*» [Schmitt, 1928, p. 109]).

Em 1968, num estudo sobre a noção de autoridade publicado numa *Festgabe* [publicação de homenagem] pelos oitenta anos de Schmitt, um estudioso espanhol, Jesús Fueyo, realçava que a confusão moderna entre *auctoritas* e *potestas* – «dois conceitos que exprimem o sentido original de como o povo romano tinha concebido a sua vida comunitária» (Fueyo, 1968, p. 212) – e o seu confluir no conceito de soberania «foi a causa da inconsistência filosófica da teoria moderna do Estado»; e acrescentava logo a seguir que esta confusão «não é apenas académica, mas está inscrita no processo real que levou à formação da ordem política moderna» (*ibid.*, p. 213). É o sentido desta «confusão» inscrita na reflexão e na prática política do Ocidente que deveremos agora procurar compreender.

א Que o conceito de *auctoritas* seja especificamente romano é opinião comum, assim como é um estereótipo a referência a Dione Cássio para provar que é intraduzível em grego. Mas Dione Cássio, que era um óptimo conhecedor do direito romano, não diz, ao contrário do que se costuma repetir, que o termo é impossível de traduzir; o que ele diz é que não pode ser traduzido por *kathapax*, «uma vez por todas» (*hellenisai auto khatapax adynaton est* [Dio. Cass. 55, 3]). Ou seja, o que ele quer dizer é que deve ser posto em grego, com termos diferentes consoante os contextos, o que é óbvio dada a ampla extensão do conceito. Dione não tem em mente, portanto, uma qualquer especificidade romana do termo, mas sim a dificuldade de o reduzir a um único significado.

6.2 A definição do problema é complicada pelo facto de o conceito de *auctoritas* se referir a uma fenomenologia jurídica relativamente ampla, que diz respeito tanto ao direito privado como ao direito público. Convirá começar a nossa análise pelo primeiro para verificar depois se é possível unificar esses dois aspectos.

No âmbito privado, a *auctoritas* é propriedade do *auctor*, isto é, da pessoa *sui juris* (o *pater familias*) cuja intervenção – prenunciando a fórmula técnica *auctor fio* – confere validade jurídica ao acto de um sujeito que por si não pode originar um acto jurídico válido. A *auctoritas* do tutor torna, assim, válido o acto do incapaz e a *auctoritas* do pai «autoriza», isto é, torna válido, o matrimónio do filho *in potestate*. De modo análogo, o vendedor (numa *mancipatio*) é obrigado a assistir o adquirente para convalidar o seu título de propriedade no decurso de um processo de reivindicação que o opõe a um terceiro.

O termo deriva do verbo *augeo*: *auctor* é *is qui auget*, aquele que aumenta, acrescenta ou aperfeiçoa o acto – ou a situação jurídica – de um outro. Na secção do seu *Vocabolario* dedicada ao direito, Benveniste procurou demonstrar que o significado original do verbo *augeo* – que na região indo-europeia é significativamente aparentado a termos que exprimem força – não é simplesmente o de «acrescentar alguma coisa ao que já existe», mas produzir alguma coisa do seu próprio seio, fazer existir» (Benveniste, 1969, vol. 2, p. 148). Na verdade, no direito clássico os dois significados não são de modo nenhum contraditórios. O mundo greco-romano, com efeito, não conhece a criação *ex nihilo*, todo o acto de criação implica sempre outra coisa qualquer, matéria informe ou ser incompleto, que se trata de aperfeiçoar e fazer crescer. Toda a criação é sempre co-criação, assim como todo o autor é sempre co-autor. Como escreveu certeiramente Magdelain, «a *auctoritas* não se basta a si própria: quer autorize, quer ratifique, supõe uma actividade alheia que ela valida» (Magdelain, 1990, p. 685). É então como se para que qualquer coisa possa existir no direito se exija uma relação entre dois elementos (ou dois sujeitos): aquele que está munido de *auctoritas* e aquele que toma a iniciativa do acto em sentido estrito. Se os dois elementos ou os dois sujeitos coincidem, então o acto é perfeito. Se, pelo contrário, há um afastamento ou uma desconexão entre eles, é precisa a integração da *auctoritas* para que o acto seja válido. Mas de onde provém a «força» do *auctor*? E o que é este poder de *augere*?

Foi oportunamente apontado que a *auctoritas* não tem nada a ver com a representação, por via da qual os actos completados pelo mandatário ou por um representante legal se imputam ao mandante. O acto do *auctor* não se funda em nada semelhante a um poder jurídico de representação de que ele esteja investido (em relação ao menor ou ao incapaz): surde directamente da sua condição de *pater*. Do mesmo modo, o acto do vendedor, que intervém como *auctor* para defender o adquirente, nada tem a ver com um direito de garantia em sentido moderno. Pierre Noailles, que nos últimos anos da sua vida procurara traçar uma teoria unitária da *auctoritas* no direito privado, pode assim escrever que ela é «um atributo inerente à pessoa e originariamente à pessoa física [...], o privilégio que pertence a um romano, nas condições requeridas, para servir de fundamento à situação jurídica criada por outros» (Noailles, 1948, p. 274). «Como todos os poderes do direito arcaico – acrescentava ele – quer fossem familiares, privados ou públicos, também a *auctoritas* era concebida segundo o modelo unilateral do direito puro e simples, sem obrigação nem sanção» (*ibid.*) E todavia basta reflectir sobre a fórmula *auctor fio* (e não simplesmente *auctor sum*) para perceber que parece implicar não tanto o exercício voluntário de um direito quanto a realização de uma potência impessoal na própria pessoa do *auctor*.

6.3 No direito público, a *auctoritas* designa, como vimos, a prerrogativa mais típica do senado. Os sujeitos activos desta prerrogativa são, portanto, os *patres*: *auctoritas patrum* e *patres auctores fiunt* são fórmulas comuns para exprimir a função constitucional do senado. Os historiadores do direito, no entanto, sempre tiveram dificuldade em definir esta função. Já Mommsen observava que o senado não tem acção própria, só pode agir em concurso com o magistrado ou para autenticar as decisões das assembleias populares, ratificando as leis. Não pode falar sem ser interrogado pelos magistrados e só pode solicitar ou «aconselhar» – *consultum* é o termo técnico – sem que este «conselho» seja jamais vinculativo de modo absoluto. *Si eis videatur*, se a eles (magistrados) parecer oportuno, é a fórmula do *senatus consultum*; no caso extremo do *senatus consultum ultimum*, a fórmula é pouco mais enfática: *videant consules*. Mommsen exprime este especial carácter da *auctoritas* escrevendo que ela é «menos do que uma ordem e mais do que um conselho» (Mommsen, 1969, p. 1034).

É certo, de qualquer maneira, que a *auctoritas* nada tem a ver com a *potestas* ou o *imperium* dos magistrados ou do povo. O senador não é um magistrado e quase nunca encontramos para designar os seus «conselhos» o verbo *iubere*, que define as decisões dos magistrados ou do povo. E todavia, em forte analogia com a figura do *auctor* no direito privado, a *auctoritas patrum* intervém para ratificar e tornar plenamente válidas as decisões das assembleias populares. Uma mesma fórmula (*auctor fio*) designa tanto a acção do tutor que valida o acto do menor como a ratificação senatorial das decisões populares. A analogia não significa aqui, necessariamente, que o povo deva ser tomado como um menor em relação ao qual os *patres* agem como tutores: o que é antes essencial é que também neste caso se encontra aquela dualidade de elementos que na esfera do direito privado define a acção jurídica perfeita. *Auctoritas* e *potestas* são claramente diferentes e, no entanto, formam em conjunto um sistema binário.

א A polémica com os estudiosos que tendem a unificar sob um único paradigma a *auctoritas patrum* e o *auctor* do direito privado resolve-se facilmente se se considerar que a analogia não se refere às figuras singulares mas à própria estrutura da relação entre os dois elementos, cuja integração constitui o acto perfeito. Já Heinze, num estudo de 1925, que exerceu uma notável influência sobre os romanistas, definia o elemento comum entre menor e povo com estas palavras: «O menor e o povo estão decididos a obrigar-se num certo sentido, mas a sua obrigação não pode ganhar existência sem a colaboração de um outro sujeito» (Heinze, 1925, p. 350). Não se trata, portanto, de uma suposta tendência dos estudiosos «para reconfigurar o direito público sob uma luz privatística» (Biscardi, 1987, p. 119), mas de uma analogia estrutural que diz respeito, como veremos, à própria natureza do direito. A validade jurídica não é uma característica original das acções humanas mas deve ser--lhes transmitida através de um «poder que lhes outorga a legitimidade» (Magdelain, 1990, p. 686).

6.4 Procuremos definir melhor a natureza deste «poder que outorga a legitimidade», na sua relação com a *potestas* dos magistrados ou do povo. As tentativas de perceber esta relação não têm tomado na devida conta aquela figura extrema da *auctoritas* que está em causa no *senatus consultum* *ultimum* e no *iustitium*. O *iustitium* – já o vimos – produz uma verdadeira e propriamente dita suspensão da ordem jurídica. Os cônsules, em particular, são reduzidos à condição de cidadãos privados (*in privato abditi*), enquanto qualquer privado age como se estivesse revestido de um *imperium*. Numa simetria inversa, em 211 a.C., ao avizinhar-se Aníbal, um *senatus consultum* ressuscita o *imperium* dos ex-ditadores, cônsules e censores (*placuit omnes qui dictatores, consules censoresve fuissent cum imperio esse, donec recessisset a muris hostis* [Liv. 26, 10, 9]). No caso extremo – ou seja, aquele que melhor a define, se é verdade que são sempre as excepções e a situação extrema a definir a mais autêntica característica de uma instituição jurídica – a *auctoritas* parece agir como uma força que suspende a *potestas* onde esta existia e a reactiva onde já não vigorava. É um poder que suspende ou reactiva o direito, mas não vigora formalmente como direito.

Esta relação – ao mesmo tempo de exclusão e suplementaridade – entre *auctoritas* e *potestas* encontra-se também numa outra instituição, na qual a *auctoritas patrum* mostra mais uma vez a sua função peculiar: o *interregnum*. Mesmo depois do fim da monarquia, quando, por morte ou por qualquer outra razão, já nenhum cônsul ou outro magistrado houvesse na cidade (fora os representantes da plebe), os *patres auctores* (isto é, o grupo dos senadores que pertenciam a uma família consular, por oposição aos *patres conscripti*) nomeavam um *interrex*, que assegurava a continuidade do poder. A fórmula usada era: *res publica ad patres redit* ou *auspicia ad patres redeunt*. Como escreveu Magdelain, «durante o interregno a constituição está suspensa [...]. A República está sem magistrados, sem senado, sem assembleias populares. Então, o grupo senatorial dos *patres* reune-se e nomeia soberanamente o primeiro *interrex*, que por sua vez nomeia o seu sucessor» (Magdelain, 1990, pp. 359 e seguintes). A *auctoritas* mostra também aqui a sua relação com a suspensão da *potestas* e, juntamente, a sua capacidade de assegurar o funcionamento da República em circunstâncias excepcionais. Mais uma vez, esta prerrogativa compete imediatamente aos *patres auctores* como tais. O primeiro *interrex* não é, com efeito, investido como magistrado de um *imperium*, mas apenas dos *auspicia* (*ibid.*, p. 356); e Ápio Cláudio, ao reivindicar contra os plebeus a importância dos *auspicia*, afirma que estes pertencem aos *patres privatim*, a título pessoal e exclusivo: *nobis adeo propria sunt auspicia, ut* [...] *privatim auspicia habeamis* (Liv. 6, 41, 6). O poder de reactivar a *potestas* vacante não é um poder jurídico recebido do povo ou de um magistrado mas emana directamente da condição pessoal dos *patres*.

6.5 Um terceiro instituto em que a *auctoritas* mostra a sua específica função de suspensão do direito é a *hostis indicatio*. Em situações excepcionais, nas quais um cidadão romano, através de conspirações ou da traição, ameaçava a segurança da República, o senado podia declará-lo *hostis*, inimigo público. O *hostis iudicatus* não era simplesmente equiparado a um inimigo estrangeiro, o *hostis alienigena*, porque esse sempre estava protegido pelo *ius gentium* (Nissen, 1877, p. 27); era, antes, radicalmente privado de qualquer estatuto jurídico e podia portanto, a qualquer momento, ser despojado dos seus bens e executado. Não é simplesmente a ordem jurídica que aqui é suspensa mas o *ius civis*, o próprio estatuto de cidadão romano.

A relação – ao mesmo tempo antagónica e supletiva – entre *auctoritas* e *potestas* mostra-se por fim numa particularidade terminológica que Mommsen foi o primeiro a notar. O sintagma *senatus auctoritas* é usado em sentido técnico para designar aquele *senatus consultum* que, por lhe ter sido oposta uma *intercessio*, está privado de efeitos jurídicos e não pode, assim, em caso algum ser executado (mesmo que tenha sido transcrito nas actas como tal, *auctoritas perscripta*). Isto é, a *auctoritas* do senado aparece na sua forma mais pura e perspíscua quando foi invalidada pela *potestas* de um magistrado, quando vive como mera escritura em absoluta oposição à vigência do direito. A *auctoritas* mostra aqui por um instante a sua essência: o poder que pode, ao mesmo tempo, «outorgar a legitimidade» e suspender o direito exibe a sua característica mais intrínseca no ponto da sua máxima ineficácia jurídica. Ela é aquilo que resta do direito se se suspende integralmente o direito (neste sentido, na leitura benjaminiana da alegoria kafkiana, não é direito mas vida, direito que se confunde em todos os pontos com a vida.

6.6 É, talvez, na *auctoritas principis* – isto é, no momento em que Augusto, num célebre passo do *Res gestae*, reivindica a *auctoritas* como fundamento do próprio estatuto do *princeps* – que melhor podemos compreender o sentido desta singular prerrogativa. É significativo que a publicação em 1924 do *Monumentum Antiocheum*, que permitia uma mais exacta reconstrução do passo em questão, coincida justamente com o renascimento dos estudos modernos da *auctoritas*. De que se tratava, em suma? De uma série de fragmentos de uma inscrição latina que continha um trecho do capítulo 34 das *Res gestae* que, na íntegra, só era conhecido na sua versão grega. Mommsen tinha reconstruído o texto latino nos seguintes termos: *post id tempus praestiti omnibus dignitate* (axiomati), *potestatis autem* *nihil amplius habui quam qui fuerunt mihi quoque in magistratu conlegae*. A inscrição antioquiana mostrava que Augusto não escrevera *dignitate* mas *auctoritate*. Comentando em 1925 o novo dado, Heinze escrevia: «Nós, filólogos, devemos estar envergonhados por termos seguido cegamente a autoridade de Mommsen: a única possível antítese de *potestas*, isto é do poder jurídico de um magistrado era, neste passo, *auctoritas* e não *dignitas*» (Heinze, 1925, p. 348).

Como acontece com frequência e como, de resto, os estudiosos não deixarão de observar, a redescoberta do conceito (nos dez anos seguintes apareceram não menos de quinze importantes monografias sobre a *auctoritas*) andava *pari passu* com o peso crescente que o princípio autoritário estava a assumir na vida política das sociedades europeias. «A *auctoritas* – escrevia em 1937 um estudioso alemão – ou seja o conceito fundamental no direito público dos nossos modernos Estados autoritários, apenas é compreensível, não só na letra mas também do ponto de vista do conteúdo, a partir do direito romano da era do principado» (Wenger, 1937-39, vol. 1, p. 152). E, no entanto, é possível que este nexo entre o direito romano e a nossa experiência política seja precisamente o que ainda nos resta por averiguar.

6.7 Se voltarmos agora ao passo das *Res gestae*, o que é decisivo é que Augusto defina a especificidade do seu poder constitucional não nos termos exactos de uma *potestas*, que ele declara partilhar com aqueles que são seus colegas na magistratura, mas nos termos mais vagos de uma *auctoritas*. O sentido do nome «Augusto», que o senado lhe conferiu a 16 de Janeiro de 27, coincide integralmente com esta reivindicação: provém da mesma raiz de *augeo* e *auctore* e, como nota Dione Cássio, «não significa uma *potestas* [dynamis] [...] mas mostra o esplendor da *auctoritas* [*ten tou axiomatos lamproteia*]» (53, 18, 2).

No édito de 13 de Janeiro do mesmo ano, no qual declara a sua intenção de restaurar a constituição republicana, Augusto define-se como *optimi status auctor*. Como argutamente observou Magdelain, aqui o termo *auctor* não tem o significado genérico de «fundador» mas o sentido técnico de «garante numa *mancipatio*». Posto que Augusto concebe a restauração republicana como uma transferência da *res publica* das suas mãos para as do povo e do senado (cf. *Res gestae*, 34, 1) é possível que «dans la formule *auctor optimi status* [...] le terme d'*auctor* ait un sens juridique assez précis et renvoie à l'idée de transfert de la *res publica* [...]. Auguste serait ainsi l'*auctor* des droits rendus au peuple et au Sénat, de même que, dans la mancipation, le *mancipio dans* est l'*auctor* de la puissance acquise, sur l'object transféré, par le *mancipio accipens*'([5]) (Magdelain, 1947, p. 57).

Em todo o caso, o principado romano, que nós fomos habituados a definir por meio de um termo – imperador – que remete para o *imperium* do magistrado, não é uma magistratura mas uma forma extrema da *auctoritas*. Heinze definiu exactamente esta contraposição: «Toda a magistratura é uma forma pré-estabelecida, na qual encaixa o caso particular e que constitui a fonte do seu poder: a *auctoritas*, pelo contrário, brota da pessoa, como algo que

---

([5]) «na fórmula *auctor optimi status* [...] o termo *auctor* tenha um sentido jurídico bastante preciso e remeta para a ideia de transferência da *res publica* [...]. Augusto seria assim o *auctor* dos direitos devolvidos ao povo e ao Senado, assim como na mancipação o *mancipio dans* é o *auctor* do poder adquirido sobre o objecto transferido pelo *mancipio accipiens*» (*N. T.*)

se constitui através dela, vive apenas nela e com ela desaparece» (Heinze, 1925, p. 356). Se Augusto recebe do povo e do senado todas as magistraturas, a *auctoritas*, pelo contrário, está ligada à sua pessoa e constitui-o como *auctor optimi status*, como aquele que legitima e garante toda a vida política romana.

Daqui o particular estatuto da sua pessoa, que se traduz num facto cuja importância ainda não foi suficientemente apreciada pelos estudiosos. Dione Cássio (55, 12, 5) informa-nos de que Augusto «torna pública toda a sua casa [*ten oikian edemiosen pasan*] de modo a habitar ao mesmo tempo em público e em privado [*hin' en tois idiois hama kai en tois koinois oikoie*]». É a *auctoritas* que ele encarna, e não as magistraturas de que foi investido, a tornar impossível isolar nele uma vida e uma *domus* privadas. No mesmo sentido se deve interpretar o facto de que na casa de Augusto no Palatino haja um *signum* dedicado a Vesta. Fraschetti observou, com pertinência, que, dada a estreita conexão entre o culto de Vesta e o culto dos Penates públicos do povo romano, isto queria dizer que os Penates da família de Augusto se identificavam com os do povo romano e que portanto «os cultos privados de uma família [...] e cultos comunitários por excelência no âmbito da cidade (os de Vesta e dos Penates públicos do povo romano) pareciam de facto poder homologar-se em casa de Augusto» (Fraschetti, 1990, p. 359). A vida «augusta» já não é definível, como a dos cidadãos comuns, pela oposição público/privado.

א É a esta luz que se deverá reler a teoria kantorowickziana dos dois corpos do rei, para lhe apensar algumas precisões. Kantorowickz, que subavalia em geral a importância do precedente romano da doutrina que procura reconstruir para as monarquias inglesa e francesa, não estabelece a relação da distinção entre *auctoritas* e *potestas* com o problema dos dois corpos do rei e com o princípio *dignitas non moritur*. E no entanto é justamente porque o soberano era antes de mais a encarnação de uma *auctoritas* e não simplesmente de uma *potestas*, que a *auctoritas* estava tão estreitamente ligada à sua pessoa física que tornava necessário o complicado cerimonial da confecção de um duplo em cera do soberano no *funus imaginarium*. O fim de uma magistratura como tal não implica de modo algum um problema de corpos: um magistrado sucede a outro sem necessidade de pressupôr a imortalidade do cargo. Só porque o soberano, a partir do *princeps* romano, exprime na sua própria pessoa uma *auctoritas*, só porque, na vida «augusta», público e privado entraram numa zona de absoluta indistinção, se torna necessário distinguir os dois corpos para assegurar a continuidade da *dignitas* (que é simplesmente sinónimo de *auctoritas*). Para compreender fenómenos modernos como o *Duce* fascista e o *Führer* nazi é importante não esquecer a sua continuidade com o princípio da *auctoritas principis*. Como já observámos, nem o *Duce* nem o *Führer* representam magistraturas ou cargos públicos constitucionalmente definidos – mesmo se Mussolini e Hitler ostentavam respectivamente os cargos de chefe de governo e de chanceler do *Reich*, como Augusto se revestia do *imperium consolare* ou da *potestas tribunicia*. A qualidade de *Duce* e de *Führer* está directamente ligada à pessoa física e pertence a uma tradição biopolítica da *auctoritas* e não à tradição jurídica da *potestas*.

6.8 É significativo que os estudiosos modernos tenham sido tão lestos em acolher a pretensão da *auctoritas* de ser directamente inerente à pessoa viva do *pater* ou do *princeps*. Aquilo que era com toda a evidência uma ideologia ou uma *fictio* que se destinava a fundamentar a preeminência ou, de uma maneira qualquer, o estatuto específico da *auctoritas* em relação à *potestas*, torna-se assim uma figura da imanência do direito na vida. Não é por acaso que isto acontece justamente nos anos em que na Europa o princípio autoritário conhecia um renascimento inesperado através do fascismo e do nacional-socialismo. Embora fosse evidente que não pode haver uma espécie de tipo humano eterno que encarne de tempos a tempos em Augusto, Napoleão ou Hitler, mas apenas dispositivos jurídicos mais ou menos similares – o estado de excepção, o *iustitium*, a *auctoritas principis*, o *Führertum* – que são usados em circunstâncias mais ou menos diferentes, nos anos trinta, sobretudo, mas não só, na Alemanha, o poder que Weber qualificara como «carismático» aparece ligado ao conceito de *auctoritas* e é desenvolvido numa teoria do *Führertum* como poder originário e pessoal de um chefe. Assim, em 1933, num breve artigo que procura delinear os conceitos fundamentais do nacional-socialismo, Schmitt define o princípio da *Führung* através da «identidade de estirpe entre chefe e seguidores» (é de notar a retoma dos conceitos weberianos). Em 1938 é publicado o livro do jurista berlinês Heinrich Triepel *Die Hegemonie*, que Schmitt se apressa a recensear. Na sua primeira secção, o livro expõe uma teoria do *Führertum* como autoridade fundada não num ordenamento preexistente mas num carisma pessoal. O *Führer* é definido mediante categorias psicológicas (vontade enérgica, consciente e criadora) e são fortemente sublinhados a sua unidade com o grupo social e o carácter originário e pessoal do seu poder.

Mais tarde, em 1947, o antigo romanista Pietro De Francisci publica *Arcana imperii*, que dedica amplo espaço à análise do «tipo primário» de poder que ele, procurando com uma espécie de eufemismo tomar as suas distâncias do fascismo, designa por *ductus* (e *ductor* o chefe em que encarna). De Francisci transforma a tripartição weberiana do poder (tradicional, legal e carismático) numa dicotomia, decalcada sobre a oposição autoridade//potestade. A autoridade do *ductor* ou do *Führer* já não pode ser derivada mas é sempre originária e brota da sua pessoa; não é, além disso, na sua essência, coerciva mas funda-se, como Triepel já havia mostrado, no consenso e no livre reconhecimento de uma «superioridade de valor».

Nem Triepel nem De Francisci, que tinham mesmo debaixo dos olhos as técnicas de governo nazis e fascistas, parecem dar-se conta de que a aparência de originariedade do poder que descrevem deriva da suspensão ou da neutralização da ordem jurídica – isto é, em última instância, do estado de excepção. O «carisma» – como a sua referência (em Weber perfeitamente consciente) à *charis* paulina teria podido sugerir – coincide com a neutralização da lei e não com uma figura mais originária do poder.

Em todo o caso, aquilo que os três autores parecem dar por adquirido é que o poder autoritário-carismático emana quase magicamente da própria pessoa do *Führer*. A pretensão do direito a coincidir num ponto eminente com a vida não podia ser afirmada com mais força. Neste sentido, a doutrina da *auctoritas* convergia, pelo menos em parte, com a tradição do pensamento jurídico que via o direito, em última análise, como idêntico à vida ou directamente articulado com ela. À máxima de Savigny ("O direito não é mais do que a vida considerada de um particular ponto de vista») fazia eco no século XX a tese de Rudolph Smend segundo a qual «a norma recebe o fundamento da sua validade [*Geltungsgrund*], a sua específica qualidade e o sentido da sua validade, da vida e do sentido que lhe é dado, como, inversamente, a vida só deve ser compreendida a partir do seu sentido vital [*Lebensinn*] regulado e atribuído» (Smend, 1954, p. 300). Assim como, na ideologia romântica, uma coisa como a língua só se tornava plenamente compreensível na sua relação directa com um povo (e vice-versa), também direito e vida devem estar estreitamente envolvidos numa recíproca fundamentação. A dialéctica de *auctoritas* e *potestas* exprimia justamente este envolvimento (pode-se falar neste sentido de um originário carácter biopolítico do paradigma da *auctoritas*). A norma pode aplicar-se ao caso normal e pode ser suspensa sem anular integralmente a ordem jurídica, porque sob a forma da *auctoritas* ou da decisão soberana, se refere directamente à vida, emana dela.

6.9 É talvez possível neste ponto virarmo-nos para trás e olhar o caminho percorrido até aqui para tirar alguma conclusão provisória da nossa indagação sobre o estado de excepção. O sistema jurídico do Ocidente apresenta-se como uma estrutura dupla, formada por dois elementos heterogéneos e, no entanto, coordenados: um, normativo e jurídico em sentido estrito – que podemos aqui inscrever por comodidade na rubrica *potestas* – e outro, anómico e metajurídico – a que podemos chamar *auctoritas*.

O elemento normativo precisa do anómico para poder aplicar-se mas, por outro lado, a *auctoritas* só pode afirmar-se numa relação de validação ou de suspensão da *potestas*. Enquanto decorre da dialéctica entre estes dois elementos em certa medida antagónicos, mas funcionalmente conexos, a vetusta morada do direito é frágil e na sua tensão para a manutenção da sua própria ordem está sempre já em processo de ruína e corrupção. O estado de excepção é o dispositivo que deve, em última instância, articular e manter unidos os dois aspectos da máquina jurídico-política, instituindo um limiar de indecidibilidade entre *nomos* e anomia, entre vida e direito, entre *auctoritas* e *potestas*. Funda-se sobre a ficção essencial pela qual a anomia – sob a forma da *auctoritas*, da lei viva ou da força-de-lei – ainda está em relação com a ordem jurídica e o poder de suspender a norma engrena directamente na vida. Enquanto os dois elementos permanecerem relacionados, mas conceptualmente, temporalmente e subjectivamente distintos – como na Roma republicana na oposição entre senado e povo ou na Europa medieval entre poder espiritual e poder temporal – a sua dialéctica – embora fundada numa ficção – pode ainda de algum modo funcionar. Mas quando tendem a coincidir numa só pessoa, quando o estado de excepção, em que ambas se ligam e se confundem, se torna a regra, então o sistema jurídico-político transforma-se numa máquina letal.

6.10 O objectivo desta indagação – sob a urgência do estado de excepção «em que vivemos» – era trazer à luz a ficção que governa este *arcanum imperii* por excelência do nosso tempo. Aquilo que a «arca» do poder contém no seu centro é o estado de excepção – mas este é essencialmente um espaço vazio, no qual uma acção humana sem relação com o direito tem defronte uma norma sem relação com a vida.

Isto não significa que a máquina, com o seu centro vazio, não seja eficaz; pelo contrário, aquilo que pretendemos mostrar foi precisamente que ela continuou a funcionar quase sem interrupção a partir da Primeira Guerra Mundial, passando pelo fascismo e o nacional-socialismo, até aos nossos dias. O estado de excepção alcançou mesmo, hoje, a sua máxima extensão planetária. O aspecto normativo do direito pode assim ser impunemente obliterado e contraditado por uma violência governamental que, ignorando, no estrangeiro, o direito internacional, e produzindo, no interior, um estado de excepção permanente, pretende todavia estar ainda a aplicar o direito.

Não se trata, naturalmente, de repôr o estado de excepção dentro dos seus limites temporal e espacialmente definidos, para reafirmar o primado de uma norma e de direitos que, em última instância, têm nele o seu próprio fundamento. Do estado de excepção efectivo em que vivemos não é possível o regresso ao Estado de direito, visto que estão agora em questão os próprios conceitos de «estado» e de «direito». Mas se é possível tentar deter a máquina, expôr a sua ficção central, é porque entre violência e direito, entre a vida e a norma não há qualquer articulação substancial. Ao lado do movimento que procura mantê-los a todo o custo ligados, há um contramovimento que, operando em sentido inverso no direito e na vida, procura sempre separar aquilo que foi artificial e violentamente ligado. Isto é, no campo de tensão da nossa cultura agem duas forças opostas: uma que institui e põe e outra que desactiva e depõe. O estado de excepção é o seu ponto de máxima tensão e, ao mesmo tempo, aquilo que, coincidindo com a regra, ameaça hoje torná-los indestrinçáveis. Viver no estado de excepção significa fazer a experiência de ambas estas possibilidades e, no entanto, separando sempre as duas forças, tentar incessantemente interromper o funcionamento da máquina que está a conduzir o Ocidente para a guerra mundial.

6.11 Se é verdade que a articulação entre vida e direito, anomia e *nomos* produzida pelo estado de excepção é eficaz, mas fictícia, não se pode, todavia, tirar daí a consequência de que, além ou aquém dos dispositivos jurídicos, exista em qualquer lado um acesso directo àquilo cuja fractura, ao mesmo tempo que a sua impossível composição, eles representam. Não existem, *primeiro*, a vida como dado biológico natural e a anomia como estado de natureza, e, *depois*, a sua implicação no direito através do estado de excepção. Ao contrário, a própria possibilidade de distinguir vida e direito, anomia e *nomos*, coincide com a sua articulação na máquina biopolítica. A vida nua é um produto da máquina e não qualquer coisa que lhe pre-existe, assim como o direito não tem qualquer assento na natureza ou na mente divina. Vida e direito, anomia e *nomos*, *auctoritas* e *potestas* resultam da fractura de algo a que não temos acesso senão através da ficção da sua articulação e do paciente trabalho que, desmascarando esta ficção, separa aquilo que se tinha pretendido unir. Mas o desencanto não restitui o encantado ao seu estado original: segundo o princípio de que a pureza nunca está na origem, apenas lhe dá a possibilidade de aceder a uma nova condição.

Expôr o direito na sua não relação com a vida e a vida na sua não relação com o direito significa abrir entre eles um espaço para a acção humana que em tempos reivindicava para si o nome de «política». A política sofreu um eclipse duradouro porque se contaminou com o direito, concebendo-se, no melhor dos casos, como poder constituinte (isto é, violência que põe o direito), quando não se reduz simplesmente a poder de negociar com o direito. Verdadeiramente política é, pelo contrário, só aquela acção que corta o nexo entre violência e direito. E só a partir desse espaço que assim se abre será possível pôr a questão de um eventual uso do direito depois da desactivação do dispositivo que, no estado de excepção, o ligava à vida.

Teremos então à nossa frente um direito «puro», no sentido em que Benjamin fala de uma língua «pura» e de uma «pura» violência. A uma palavra não obrigatória, que nada ordena nem proíbe, mas se diz apenas a si mesma, corresponderia uma acção como puro meio que se mostra apenas a si própria sem relação com um objectivo. E, entre as duas, não um perdido estado original mas apenas o uso e a prática humana que os poderes do direito e do mito tinham procurado aprisionar no estado de excepção.

Referências bibliográficas

N.B. As traduções italianas existentes são indicadas apenas naqueles casos em que foram efectivamente utilizadas. Para elas remetem as páginas indicadas no texto.

ARANGIO-RUIZ, G.
1972 *Istituzioni di diritto costituzionale italiano*, Bocca, Milão (1.ª ed. 1913).

ARENDT, H.
1961 *Between Past and Future*, Viking, Nova Iorque.

BALLADORE-PALLIERI, G.
1970 *Diritto costituzionale*, Giuffré, Milão.

BENGEL, J. A.
1734 *Vorrede zur Handausgabe des griechischen N.T.*

BENJAMIN, W.
1921 *Zür Kritik des Gewalt*, in Id. Gesammelte Schriften, Suhrkamp, Frankfurt a.M. 1972-1989, vol. 2. 1.
1928 *Ursprung des deutschen Trauerspiel, ibid.*, vol 1. 1 (e vol. 1. 3).
1931 *Karl Kraus, ibid.*, vol. 2.1.
1931 *Franz Kafka, ibid.* vol. 2.2.
1942 *Über den Begriff der Geschichte, ibid.*, vol. 1. 2.

1966 *Briefe*, Suhrkamp, Frankfurt a.M. 1966, 2 vols.
1992 *Notizen zu einer Arbeit über die Kategorie der Gerechtigkeit*, in «Frankfurter Adorno Blätter», 4, 1992

BENVENISTE, E.
1969 *Le vocabulaire des institutions indo-européennes*, Minuit, Paris, 2 vols.

BISCARDI, A.
1987 *Auctoritas patrum: problemi di storia del diritto pubblico romano*, Jovene, Nápoles.

BREDEKAMP, H.
1998 *Von W. Benjamin zu C. Schmitt*, in «Deutsche Zeitschrift für Philosophie», 46.

DELATTE, A.
1922 *Essai sur la philosophie pythagoricienne*, Liège, Paris.

DELATTE, L.
1942 *Les Traités de la royauté de Ecphante, Diotogène et Sthénidas*, Droz, Paris.

DE MARTINO, F.
1973 *Storia della costituzione romana*, Jovene, Nápoles.

DERRIDA, J.
1994 *Force de loi*, Galilée, Paris (trad. it. *Forza di legge*, Bollati Boringhieri, Turim 2003).

DROBISCH, K. E WIELAND, G.
1993 *System der NS-Konzentrationslager 1933-1939*, Akademie, Berlim.

DUGUIT, L.
1930 *Traité de Droit constitutionnel*, vol. 3, de Boccard, Paris.

DURKHEIM, E.
1897 *Le suicide. Étude de sociologie*, Alcan, Paris (trad. it. *Il suicidio. Studio di sociologia*, Rizzoli, Milão 1987).

EHRENBERG, V.
1924 *Monumentum Antiochenum*, in «Klio», 19, pp. 200 sgs.

FONTANA, A.
1999 *Du droit de résistance au devoir de insurrection*, in J.-C. Zancarini (dir.), *Le Droit de résistance*, ENS, Paris.

FRASCHETTI, A.
 1990 *Roma e il principe*, Laterza, Roma-Bari.
FRESA, C.
 1981 *Provvisorietá con forza di legge e gestione degli stati di crisi*, CEDAM, Padova.
FRIEDRICH, C.
 1941 *Constitutional Government and Democracy*, Ginn, Bostom
 1950 (2ª ed. rev.; trad. it. *Governo costituzionale e democrazia*, Neri Pozza, Vicenza s. d.).
FUEYO, J.
 1968 *Die idee des «auctoritas»: Genesis und Entwicklung*, in H. Barion (dir.), *Epirrhosis. Festgabe für Carl Schmitt*, Duncker & Humblot, Berlim.
GADAMER, H.-G.
 1960 *Wahrheit und Methode*, Mohr, Tübingen (trad. it. *Verità e meto*do, Bompiani, Milão 1983).
HATSCHECK, J.
 1923 *Deutsches und Preussisches Staatsrecht*, Stilke, Berlim.
HEINZE, R.
 1925 *Auctoritas*, in «Hermes», 60, pp. 348 sgs.
KOHLER, J.
 1913 *Not kennt kein Gebot*, Rotschild, Berlim-Leipzig.
MAGDELAIN, A.
 1947 *Auctoritas principis*, Belles Lettres, Paris.
 1990 *Ius Imperium Auctoritas. Études de droit romain*, École française de Rome, Roma.
MATHIOT, A.
 1956 *La théorie des circonstances exceptionnelles*, in *Mélanges Mestre*, Paris.
MEULI, K.
 1975 *Gesammelte Schriften*, Schwabe, Basileia-Estugarda, 2 vols.
MIDDEL, A.
 1887 *De iustitio deque aliis quibusdam iuris publici romani notionibus*, Mindae.

MOMMSEN, T.
　1969 *Römisches Staatsrecht*, Akademische Druck, Graz, 3 vols. (ed. orig. Berlim 1871).
NISSEN, A.
　1877 *Das Iustitium. Eine Studie aus der römischen Rechtsgeschichte*, Gebhardt, Leipzig.
NOAILLES, P.
　1948 *Fas et Ius. Études de droit romain*, Belles Lettres, Paris.
PLAUMANN, G.
　1913 *Das sogennante Senatus consultum ultimum, die Quasidiktatur der späteren römischen Republik*, in «Klio», 13.
QUADRI, G.
　1979 *La forza di legge*, Giuffrè, Milão.
REINACH, T.
　1885 *De l'état de siège. Étude historique et juridique*, Pichon, Paris.
ROMANO, S.
　1909 *Sui decretti-legge e lo stato di assedio in occasione dei terremoti di Messina e Reggio Calabria*, in «Rivista di diritto publicco» (agora in *Id.*, *Scritti minori*, vol. 1, Giuffrè, Milão 1990).
　1983 *Frammenti di un dizionario giuridico*, Giuffrè, Milão (reed. inalterada).
ROOSEVELT, F. D.
　1938 *The Public Papers and Addresses*, vol. 2, Random House, Nova Iorque.
ROSSITER, C. L.
　1948 *Constitutional Dictatorship. Crisis Government in the Modern Democracies*, Harcourt Brace, Nova Iorque.
SAINT-BONNET, F.
　2001 *L' État d'exception*, PUF, Paris.
SCHMITT, C.
　1921 *Die Diktatur*, Duncker & Humblot, Munique-Leipzig.
　1922 *Politische Theologie*, Munique.
　1928 *Verfassungslehre*, Duncker & Humblot, Munique-Leipzig.

1931 *Der Hüter der Verfassung*, Mohr, Tübingen.
1995 *Staat Grossraum Nomos*, Duncker & Humblot, Berlim.
SCHNUR, R.
1983 *Revolution und Weltbürgerkrieg*, Duncker & Humblot, Berlim. (trad. it. *Rivoluzione e guerra civile*, Giuffrè, Milão, 1986).
SCHÜTZ, A.
1995 *L'immaculée conception de l'interprète et l'emergence du système juridique: à propos de fiction et construction en droit*, in «Droits», 21.
SESTON, W.
1962 *Les chevaliers romains et le iustitium de Germanicus*, in «Revue historique du droit français et étranger» (agora in *Id.*, *Scripta varia*, École française de Rome, Roma 1980).
SMEND, R.
1954 *Integrationslehre*, in *Handwörterbuch der Sozialwissenschaft*.
TAUBES, J.
1987 *Ad Carl Schmitt. Gegenstrebige Fügung*, Merve, Berlim.
TINGSTEN, H.
1934 *Les Pleins pouvoirs. L'expansion de pouvoirs gouvernamentaux pendant et après la Grande Guerre*, Stock, Paris.
VERSNEL, H. S.
1980 *Destruction, devotion and despair in a situation of anomy: the mourning of Germanicus in triple perspective*, in *Perennitas. Studi in onore di Angelo Brelich*, Edizioni dell'Ateneo, Roma.
VIESEL, H.
1988 (direcção), *Jawohl, Herr Schmitt. Zehn Briefe aus Plettenberg*, Support, Berlim.
WAGENVOORT, H.
1947 *Roman Dynamism*, Blackwell, Oxford.
WATKINS, F. M.
1940 *The problem of Constitutional Dictatorship*, in «Public Policy».

Weber, S.
1992 *Taking exception to decision. W. Benjamin and C. Schmitt*, in U. Steiner (direcção), *Walter Benjamin*, Lang, Bern.

Wenger, S.
1937-39 *Römisches Recht in Amerika*, in *Studi in onore di Enrico Besta*, Giuffrè, Milão.

Já publicados na colecção

1. *A Razão das Nações.*
Reflexões sobre a Democracia na Europa,
de Pierre Manent

2. *O Caminho para a Servidão*,
de Friedrich Hayek,
com Introdução de João Carlos Espada

3. *Direito Natural e História*,
de Leo Strauss,
com Introdução de Miguel Morgado

4. *Anarquia, Estado e Utopia*,
de Robert Nozick,
com Introdução de João Cardoso Rosas

5. *Nascimento da Biopolítica*,
de Michel Foucaul,
com Introdução de Bruno Maçães